Mark Dever de forma clara, inteligente e principalmente fundamentado nas Escrituras, ajuda a Igreja de Cristo a compreender algumas características de uma igreja saudável. Neste livro, o autor nos brinda com inquestionáveis verdades, bem como princípios práticos que se aplicados poderão ajudar pastores e líderes na árdua missão de edificar igrejas saudáveis que glorificam a Cristo. Recomendo a leitura!

Renato Vargens, pastor da Igreja Cristã da Aliança

No anseio e busca pelo crescimento da minha igreja encontrei este livro! Era exatamente o que procurava: princípios práticos e bíblicos, baseados em uma eclesiologia cristocêntrica e uma hermenêutica séria. Meu ministério e minha igreja têm sido ricamente abençoados por estes ensinos!

Sillas Campos, Pastor da Igreja Batista Central de Campinas

O que é uma Igreja Saudável

Mark Dever
Apresentação por Wilson Porte Jr.

FIEL
Editora

D491q   Dever, Mark, 1960-
           O que é uma igreja saudável? / Mark Dever ; [tradução: Francisco Wellington Ferreira] – 2. ed. – São José dos Campos, SP : Fiel, 2015.

           150 p. ; 16 cm.
           Tradução de: What is a healthy church?
           Inclui referências bibliográficas.
           ISBN 9788581323008

           1. Igreja – Crescimento. 2. Igreja – Doutrina bíblica. 3. Escolha da Igreja. I. Título.

                                                                 CDD: 254. 5

Catalogação na publicação: Mariana C. de Melo – CRB07/6477

O QUE É UMA IGREJA SAUDÁVEL?
Traduzido do original em inglês
What is a Healthy Church? por Mark Dever
Copyright © 2007 by Mark E. Dever and 9Marks

■

Publicado por Crossway Books, um ministério de publicações de Good News Publishers
Wheaton, Illinois 60187, U.S.A
Esta edição foi publicada através de um acordo com Good News Publishers

■

Copyright© Editora FIEL 2009.
Primeira Edição em Português 2009
Segunda Edição em Português 2015

Todos os direitos em língua portuguesa reservados por Editora Fiel da Missão Evangélica Literária

PROIBIDA A REPRODUÇÃO DESTE LIVRO POR QUAISQUER MEIOS, SEM A PERMISSÃO ESCRITA DOS EDITORES, SALVO EM BREVES CITAÇÕES, COM INDICAÇÃO DA FONTE.

■

Diretor: Tiago J. Santos Filho
Editor: Tiago J. Santos Filho
Tradução: Francisco Wellington Ferreira
Revisão: Franklin Ferreira e Tiago Santos
Diagramação: Rubner Durais
Capa: Rubner Durais

ISBN: 978-85-8132-300-8

FIEL Editora

Caixa Postal 1601
CEP: 12230-971
São José dos Campos, SP
PABX: (12) 3919-9999
www.editorafiel.com.br

Em gratidão a Deus
por pastores fiéis que conheci:

HAROLD PURDY
WALLY THOMAS
ED HENEGAR

Sumário

Apresentação 11

Prefácio: Uma parábola 15

Introdução: O que você procura em uma igreja? 19

Parte 1: O que é uma igreja saudável?

1 Seu cristianismo e sua igreja 27

2 O que é uma igreja... e o que não é 41

3 O que toda igreja deve almejar: ser saudável 49

4 Um guia crucial: como manifestar o caráter de Deus 63

Parte 2: Marcas essenciais de uma igreja saudável

5 Pregação expositiva 81

6 Teologia bíblica 89

7 Um entendimento bíblico das boas-novas 97

Parte 3: Marcas importantes de uma igreja saudável

8 Um entendimento bíblico da conversão 107

9 Um entendimento bíblico da evangelização 113

10 Um entendimento bíblico da membresia 119

11 Disciplina bíblica na Igreja 127

12 Crescimento e discipulado bíblico 135

13 Liderança bíblica na Igreja 143

14 Conclusão: o ponto mais importante 151

Apêndice: um pacto típico de uma igreja saudável 157

Agradecimentos especiais 159

Apresentação
Wilson Porte Jr.[1]

> Uma igreja saudável não é uma igreja perfeita e impecável. Ela não resolveu todos os problemas. Pelo contrário, é uma igreja que se esforça continuamente para ficar ao lado de Deus na luta contra os desejos ímpios e os enganos do mundo, de nossa carne e do Diabo. É uma igreja que procura se conformar sempre à Palavra de Deus.[2]
>
> *Mark Dever*

---

[1] Wilson Porte Jr. possui bacharelado em teologia pelo Seminário Bíblico Palavra da Vida e mestrado em teologia-histórica pelo Centro Presbiteriano de Pós-Graduação Andrew Jumper (Universidade Presbiteriana Mackenzie). É pastor da Igreja Batista Liberdade, em Araraquara-SP, presidente da CRBB (Comunhão Reformada Batista no Brasil) e do Conselho do Seminário Martin Bucer, onde é professor de Grego, Hebraico, Antigo Testamento e Novo Testamento.

[2] Mark Dever. *O que é uma igreja saudável?* (Editora Fiel, São José dos Campos, SP: 2009) p. 36.

Em maio de 2015, junto com um grupo de pastores brasileiros, chineses, norte-americanos e indianos, participei de um *Weekender* na igreja pastoreada por Mark Dever, a Capitol Hill Baptist Church, em Washington, DC.

Algo que me encantou nos 13 dias em que lá estive foi ver uma igreja saudável em ação. As verdades contidas tanto neste livro quanto nos demais títulos publicados dentro dessa visão não são apenas teorias a serem testadas. Elas são a vida daquela igreja.

Pude ver, na prática, como as famosas *Nove marcas de uma igreja saudável*[3] funcionam. E, na verdade, o que você encontrará neste livro não foi o "rascunho" sobre o qual a igreja pastoreada por Dever foi edificada. Este livro é apenas um testemunho de algo vivo, que primeiro aconteceu para que, depois, pudesse se tornar um testemunho para todos nós.

A visão bíblico-teológica de Mark Dever sobre a Igreja é profunda, robusta e clara. Suas explicações sobre o que é uma Igreja saudável têm me conduzido à uma compreensão bíblica abrangente sobre a noiva de Cristo. Os escritos publicados por Mark, bem como os divulgados pelo ministério 9*Marks*[4], têm contribuído enormemente para o estabelecimento de igrejas saudáveis tanto no contexto norte-americano quanto fora deste.

---

3 Mark Dever. *Nove marcas de uma igreja saudável* (Editora Fiel, São José dos Campos, SP: 2007).

4 http://pt.9marks.org

Apresentação

A despeito de tudo o que alguém possa procurar em uma igreja, o que torna uma comunidade local uma verdadeira igreja de Cristo é a presença de certas marcas. Neste livro, Mark Dever aborda, de maneira direta, o que você e eu devemos esperar em uma igreja saudável. Boa música? Excelência artística? Uma oratória culta com *insights* filosóficos? Mark escreveu:

> Algumas dessas coisas podem ser boas ou, pelo menos, neutras. Realmente, eu só desejo que você comece a pensar no que mais valoriza em uma igreja.

Sendo um livro excelente para membros de igreja que desejam ser saudáveis e, assim, colaborar com a saúde de uma igreja local, este livro torna-se ainda mais precioso nas mãos de um pastor que busca compreender como deve guiar seu rebanho com o fim de apresentá-lo, com alegria, no dia da prestação de contas diante de seu verdadeiro dono (Hb 13.17).

Minha esperança e oração é que este livro, bem como a vida que o mesmo transpira, desperte em seus leitores o que despertou em mim: um santo desejo de contribuir para a saúde da Igreja em nosso tempo; Igreja que possua as marcas de seu Rei; Igreja que, como escreveu o historiador Merle D'Aubigné, bem alimentada e saudável, persevere em busca de sua coroa final:

> Porque a Igreja não tem outro Rei senão Jesus Cristo ... Porque a Igreja não deve contar com tronos terrenos nem triunfos efêmeros, mas que a sua marcha se assemelhe à do Rei: da manjedoura para a cruz; da cruz para a coroa![5]

---

5 J.H. Merle D'Aubigné. *História da Reforma do Décimo-Sexto Século* (Casa Editora Presbiteriana, São Paulo, SP: 1962) p. 247.

Prefácio

Uma parábola

"Deus dispôs os membros, colocando cada um deles no corpo, como lhe aprouve. Se todos, porém, fossem um só membro, onde estaria o corpo? O certo é que há muitos membros, mas um só corpo. Não podem os olhos dizer à mão: Não precisamos de ti; nem ainda a cabeça, aos pés: Não preciso de vós" (1Co 12.18-21).

Nariz e **Mão** estavam assentados e conversavam na igreja. O culto da manhã, conduzido por Ouvido e Boca, havia terminado, e Mão estava dizendo a Nariz que ele e sua família tinham decidido procurar uma igreja diferente.

"Verdade?", reagiu Nariz à notícia dada por Mão. "Por quê?"

"Oh! Eu não sei!", respondeu Mão, olhando para baixo. Ele costumava ser mais demorado a falar do que os outros membros da igreja. "Acho que isso se deve ao fato de que a igreja não tem o que minha esposa e eu desejamos".

"Então, o que vocês procuram em uma igreja?", perguntou Nariz. Ele falou essas palavras com um tom de simpatia. Mas, ainda que falasse daquela maneira, sabia que rejeitaria a resposta que Mão lhe daria. Se ele e sua esposa não podiam ver que Nariz e os demais líderes estavam conduzindo a igreja na direção certa, a igreja poderia prosseguir sem eles.

Mão tinha de pensar antes de responder. Ele e sua esposa gostavam do pastor Boca e de sua família. E o ministro de música, o Sr. Ouvido, trabalhava muito bem. "Ora, creio que estamos procurando uma igreja em que as pessoas são mais parecidas conosco", ele declarou finalmente. "Tentamos gastar tempo com os Pernas, mas não nos saímos bem. Em seguida, nos unimos ao pequeno grupo para todos os Pés. Mas eles teimavam em conversar sobre meias, sapatos e odores. E isso não nos interessava."

Agora, Nariz olhou para ele com verdadeira surpresa: "Vocês não se alegram em que eles se interessem por odores?"

"Claro, com certeza. Mas isso não é para nós. Depois, freqüentamos a Escola Dominical que atende a todos vocês, características faciais. Você se lembra? Viemos durante vários domingos, alguns meses atrás?"

"Foi ótimo ter vocês conosco."

Prefácio: Uma parábola

"Obrigado. Mas todos querem apenas conversar, ouvir, cheirar e saborear. Senti como se vocês nunca quisessem trabalhar e sujar as mãos. De qualquer modo, minha esposa e eu pensamos em examinar aquela igreja nova no lado oeste da cidade. Ouvimos que eles batem muitas palmas e levantam as mãos, e isso se aproxima do que necessitamos agora."

"Hum!", respondeu Nariz. "Entendo o que você quer dizer. Não desejamos vê-los deixar a igreja. Mas acho que devem fazer o que será bom para vocês."

Naquele momento, a Sra. Mão, que estivera envolvida em outra conversa, se voltou para unir-se ao esposo e ao Sr. Nariz. O Sr. Mão explicou brevemente o que ele e Nariz conversavam; depois disso, Nariz reiterou seu tristeza ante a perspectiva da saída deles. Contudo, ele disse outra vez que entendia o desejo deles, visto parecer que suas necessidades não estavam sendo satisfeitas.

A Sra. Mão balançou a cabeça em confirmação. Ela queria ser educada, mas, verdade seja dita, não estava triste por deixar a igreja. Durante os anos, seu esposo fizera tantas observações críticas a respeito da igreja, que seu coração começara a refletir tais criticas. De fato, ele costumava desculpar-se por "ser tão negativo", conforme dizia. Contudo, as pequenas queixas que ele deixava escapar aqui e ali tiveram efeito. Os pequenos grupos *eram* de certo modo facciosos. A música *era* um pouco desatualizada.

Os programas *pareciam* ingênuos. O ensino *não* se harmonizava com o gosto deles. Afinal de contas, era-lhes difícil identificar com exatidão todos os problemas, mas já haviam decidido que a igreja não lhes servia.

Além de tudo isso, a Sra. Mão sabia que Dedo Mínimo, seu filho, não se sentia à vontade no grupo de jovens. Todos eram muitos diferentes dele; por isso, se sentia inconveniente ao grupo.

A Sra. Mão disse algo a respeito de como apreciava o Sr. Nariz e os líderes da igreja. No entanto, a conversa já tinha ido longe demais para ele. E, ainda, o perfume da Sra. Mão fazia com que ele desejasse espirrar. Agradeceu à Sra. Mão o encorajamento, reafirmou sua tristeza por ouvir que deixariam a igreja, virou-se e se afastou. Quem tinha necessidade dos Mãos? Aparentemente, eles não precisavam do Sr. Nariz.

Introdução

O que você procura em uma igreja?

O que você procura em uma igreja? Talvez você não tenha pensado nesta questão recentemente. Separe um momento agora e pergunte a si mesmo: o que é uma igreja ideal? "A igreja ideal é um lugar que tem..."

Música excelente — música que expressa treinamento e prática. Você não quer bateria e guitarras. Quer um coro e violinistas. A música excelente glorifica a Deus. Ou talvez você queira guitarras e baterias, algo contemporâneo e atualizado. Isso é o que as pessoas ouvem no rádio; então, você deve alcançá-las onde elas estão.

Talvez a música não seja tão importante quanto a pregação. Você quer uma igreja que tenha bons sermões — significativos, mas não severos; bíblicos, mas não enfadonhos; práticos, mas não legalistas e exigentes. É claro que o caráter do ministro se expressa nos sermões que ele prega. E há muitos tipos de pregadores por aí: o erudito que ama a doutrina e nunca sorri, o homem engraçado que possui inúmeras histórias, o conselheiro familiar que tem "experiência". Sim, estou apenas parodiando, porém muitos de nós temos algumas expectativas a respeito de como o pastor deve ser, não temos?

Ou talvez você procure uma igreja em que as pessoas estejam no mesmo lugar por toda a vida, como você. Pode relacionar-se bem com elas, que entendem o que você está procurando, pois buscam a mesma coisa. Não estão mais na faculdade, como você. Têm filhos jovens e estão se aproximando da aposentadoria, como você. Sabem o que significa comprar em lojas mais simples ou em boutiques, como você. São do centro da cidade ou da zona rural, como você.

Novamente, talvez a coisa mais importante na igreja, para você, seja o fato de que na igreja há oportunidades de envolvimento — ocasiões para servir ou fazer o bem. A igreja é forte na evangelização? É ativa em ajudar os pobres? Oferece oportunidades para você e seu filhos se reunirem com outros pais e outros filhos? Há possibilidade de você ajudar no ministério infantil? A igreja tem programas que cativam a atenção de suas crianças ou adolescentes?

Espero que algumas pessoas estejam à procura de uma igreja que seja "com vida no Espírito". O Espírito é Aquele que nos guia. Portanto, você quer uma igreja em que as pessoas estão prontas a ouvir a voz do Espírito, dispostas a atentar à sua obra e crer nas coisas admiráveis que Ele possa fazer. Você está cansado de pessoas que apagam o Espírito e amam as tradições. O Espírito está fazendo coisas novas! Está nos dando novas canções!

Ou talvez esteja apenas procurando uma igreja que se vê de determinada maneira! Você nunca o disse nesses termos. Contudo, se está acostumado com uma igreja que, de certo modo, se vê como um shopping, ou uma velha capela, ou uma cafeteria, é razoável que a sua igreja ideal seja assim. Devemos esperar isso. Muitos de nós, quando mudamos da casa de nossos pais, às vezes não sentimos saudade de algumas cenas, sons e cheiros que acompanhavam a maneira como mamãe fazia as coisas?

Algumas dessas coisas podem ser boas ou, pelo menos, neutras. Realmente, eu só desejo que você comece a pensar no que mais valoriza em uma igreja.

O que você procura? Uma congregação acolhedora? Compassiva? Autêntica? Grande? Íntima? Estimulante? Moderna? Dedicada?

O que deveria ser uma igreja?

Um tema para todos os cristãos

Antes de considerarmos o que a Bíblia diz sobre o que deveria ser uma igreja (e isso faremos no Capítulo 1), desejo que você considere por que *lhe* apresentei esta pergunta, especialmente se não é um pastor. Afinal de contas, um livro que fala sobre igrejas saudáveis não tem como alvo os pastores e os líderes de igrejas?

Sim, este livro é para pastores, mas também para todo cristão. Lembre-se: *os autores do Novo Testamento se dirigiram aos cristãos*. Quando as igrejas da Galácia começaram a dar ouvidos aos falsos mestres, Paulo escreveu-lhes, dizendo: "Admira-me que estejais passando tão depressa daquele que vos chamou na graça de Cristo para outro evangelho" (Gl 1.6). A quem se referia o pronome "vos", dos quais Paulo pediu uma explicação quanto ao ensino errado em suas igrejas? Não somente aos pastores, mas também aos membros das igrejas. Vocês esperavam que ele escrevesse aos líderes das igrejas e dissesse: "Parem de ensinar essa heresia!" Mas Paulo não fez isso. Ele convocou toda a igreja a dar explicações.

De modo semelhante, quando a igreja de Corinto permitiu que um relacionamento adúltero continuasse sem reprovação em seu meio, Paulo dirigiu-se à igreja (1Co 5). Ele não falou aos pastores e ao corpo de líderes que cuidassem do problema. Antes, disse à igreja que resolvesse aquele problema.

Isso também acontece na maioria das epístolas do Novo Testamento.

Creio que os pastores daquelas igrejas do século I ouviam enquanto Paulo, Pedro e Tiago se dirigiam às suas igrejas. Creio que os pastores iniciavam e conduziam a maneira de agir em resposta às instruções que os apóstolos ministravam em suas cartas. Por seguir o exemplo dos apóstolos e dirigir-me tanto aos pastores como aos membros de igrejas, acredito que estou colocando a responsabilidade onde, em última análise, ela deve estar. *Você* e todos os membros de sua igreja são responsáveis, diante de Deus, por aquilo em que ela se torna, e não os pastores e outros líderes. Sim, *você*.

Os pastores das igrejas comparecerão diante de Deus e prestarão contas pela maneira como guiaram suas congregações (Hb 13.17). No entanto, cada um de nós que somos discípulos do Senhor Jesus Cristo prestará contas de havermos ou não *congregado* regularmente na igreja, estimulado a igreja ao amor e às boas obras e *lutado* para manter o ensino correto da esperança do evangelho (Hb 10.23-25).

Querido leitor, se você confessa ser um cristão, mas acha que um livro sobre igrejas saudáveis é apenas para líderes de igrejas ou para teólogos, enquanto prefere ler livros que tratam da vida cristã, talvez seja tempo de parar e considerar o ensino da Bíblia sobre o que é um cristão. Pensaremos mais a respeito disso no Capítulo 1.

Em seguida, consideraremos o que é uma igreja (Capítulo 2), o propósito de Deus para as igrejas (Capítulo 3) e por que a Bíblia tem de guiar nossas igrejas (Capítulo 4).

Se você já concorda que a Bíblia deve guiar nossas igrejas, para a manifestação da glória de Deus, talvez queira pular para o Capítulo 5, no qual começo a alistar nove marcas de uma igreja saudável. Que o Senhor Jesus use nossas meditações, juntas, a fim de preparar sua noiva para o dia de sua vinda (Ef 5.25-32).

Parte 1

O que é uma Igreja Saudável?

Capítulo 1

Seu cristianismo e sua igreja

As vezes, **ministérios em campus universitários** pedem-me que fale aos seus estudantes. Em diversas ocasiões, tenho começado assim minhas considerações: "Se você confessa ser um cristão e não é membro da igreja que freqüenta com regularidade, preocupa-me o fato de que você pode estar indo para o inferno".

Certamente, esse é o tipo de afirmação que atrai a atenção deles.

Ora, estou procurando causar uma reação chocante? Acho que não. Estou tentando amedrontá-los para que se tornem membros da igreja? Não, de modo algum. Estou dizendo que unir-se a uma igreja faz de alguém um cristão? Certamente não. Jogue fora e despreze qualquer livro ou pregador que diz isso.

Então, por que começo com esse tipo de advertência? Porque desejo que eles percebam a importância e a necessidade de uma igreja local saudável na vida cristã e comecem a compartilhar a paixão pela igreja que caracteriza tanto a Cristo como os seus seguidores.

No ocidente (e outros lugares?), muitos cristãos tendem hoje a ver seu cristianismo como um relacionamento pessoal com Deus e não mais do que isso. Eles sabem que esse relacionamento pessoal tem implicações na maneira como devem viver. Contudo, inquieta-me o fato de que muitos cristãos não compreendem como esse relacionamento primordial com Deus necessita de inúmeros relacionamentos pessoais secundários — os relacionamentos que Cristo estabeleceu entre nós e seu corpo, a Igreja. Deus não deseja que esses relacionamentos sejam escolhidos de conformidade com nossos caprichos entre os muitos cristãos que estão "lá fora". Ele quer estabelecer-nos em um relacionamento com um corpo de pessoas de carne e osso, que pisarão nos seus calos.

Por que me preocupo com fato de que, se você confessa ser um cristão, mas não é um membro firme da igreja local que freqüenta, pode estar indo para o inferno? Por um momento, pense comigo no que significa ser um cristão.

O que é um cristão?

Um cristão é alguém que, antes e acima de tudo, foi perdoado de seu pecado e reconciliado com Deus, o Pai, por meio de Jesus

Cristo. Isso acontece quando a pessoa se arrepende de seus pecados e coloca sua fé na vida perfeita, na morte substitutiva e na ressurreição de Jesus Cristo, o Filho de Deus.

Em outras palavras, um cristão é alguém que se esgotou a si próprio e todos os seus recursos morais. Reconheceu que, em desafio à lei de Deus, havia dedicado sua vida à adoração e ao amor às coisas e não a Deus — coisas como a profissão, a família, aquilo que o dinheiro pode comprar, a opinião das pessoas, a honra de sua família e da comunidade, o favor dos falsos deuses de outras religiões, os espíritos deste mundo ou mesmo as coisas boas que uma pessoa pode fazer. Também reconheceu que esses ídolos são senhores duplamente condenatórios. Seus apetites nunca são satisfeitos *nesta vida*. E provocam a ira justa de Deus *na vida por vir*, uma morte e um julgamento, dos quais o cristão experimenta um pouco nas infelicidades deste mundo.

Portanto, um cristão sabe que, se tivesse de morrer hoje à noite e comparecer diante de Deus, e Ele lhe dissesse: "Por que devo permitir que você entre na minha presença?" O cristão diria: "Senhor, não deves deixar-me entrar. Tenho pecado contra Ti e tenho para contigo uma dívida que sou incapaz de pagar". No entanto, ele não pararia aí. Continuaria: "Mas, por causa de tuas grandes promessas e misericórdia, confio no sangue de Jesus Cristo que foi derramado como substituto por mim e pagou o meu débito moral, satisfazendo as tuas exigências santas e justas e removendo a tua ira contra o meu pecado!"

Com base na garantia de ser declarado justo em Cristo, o cristão é alguém que descobriu o começo da liberdade da escravidão ao pecado. Os ídolos e outros deuses nunca podiam ser satisfeitos, e seus apetites, plenamente atendidos; mas a satisfação de Deus quanto à obra de Cristo implica que a pessoa comprada da condenação por meio da obra de Cristo agora é livre! Pela primeira vez, o cristão é livre para virar suas costas ao pecado, não para substituí-lo servilmente com outro pecado, e sim com o desejo pelo próprio Cristo e pela norma de Cristo para a sua vida; este desejo é outorgado pelo Espírito. Adão tentou remover Deus do trono e tornar-se divino. O cristão, porém, se regozija no fato de que Cristo está no trono. Medita na vida de perfeita submissão de Jesus à vontade e às palavras do Pai, procurando ser semelhante ao seu Salvador.

O cristão é, primeiramente, alguém que em Cristo foi reconciliado com Deus. Cristo satisfez a ira de Deus, e o cristão é agora declarado justo diante dEle, chamado a uma vida de retidão, e vive na esperança de uma dia estar diante da majestade de Deus, no céu.

E isso não é tudo! Em segundo lugar, o cristão é alguém que, pela virtude de sua reconciliação com Deus, foi reconciliado com o povo de Deus. Você lembra a primeira história narrada na Bíblia depois da queda de Adão e Eva e sua expulsão do jardim? É a história do primeiro ser humano sendo assassinado por outro — Caim matando Abel. Se o ato de tentar remover Deus do trono é, em si mesmo, uma tentativa de colocarmos a nós mesmos ali, então, certamente não deixaremos que outro ser humano ocupe esse lugar. Não lhe daremos nem uma chance. A atitude de Adão em quebrar a comunhão com Deus resultou num rompimento imediato da comunhão entre os seres humanos. Todo homem vive para si mesmo.

Não deve nos surpreender o fato de que Jesus disse: "Destes dois mandamentos dependem toda a Lei e os Profetas": Amarás o Senhor, teu Deus, de todo o teu coração, de toda a tua alma e de todo o teu entendimento e o teu próximo como a ti mesmo (cf. Mt 22.34-40). Os dois mandamentos andam juntos. O primeiro produz o segundo, e este comprova o primeiro.

Ser reconciliado com Deus por meio de Cristo significa ser reconciliado com todos aqueles que estão reconciliados com Deus. Após descrever, na primeira metade de Efésios, a grande salvação que Deus nos deu em Cristo Jesus, Paulo passou a descrever, na segunda metade da epístola, o que essa grande salvação significa nos relacionamentos entre judeus e gentios e, por extensão, entre todos os que estão em Cristo. Ele escreveu:

> Porque ele é a nossa paz, o qual de ambos fez um; e, tendo derribado a parede da separação que estava no meio, a inimizade... para que dos dois criasse, em si mesmo, um novo homem, fazendo a paz, e reconciliasse ambos em um só corpo com Deus, por intermédio da cruz, destruindo por ela a inimizade (Ef 2.14-16).

Todos os que pertencem a Deus são "concidadãos" e membros da "família de Deus" (v.19). Estamos unidos com Cristo no "santuário dedicado ao Senhor" (v. 21). Essas são apenas algumas das analogias dentre as que podemos escolher.

Talvez o meditar na analogia de uma família nos ajude a perceber que estar reconciliado com Deus também significa estar reconciliado com o seu povo. Se você é um órfão, não adota os pais; antes, são eles que o adotam. Se os seus pais adotivos se chamam Oliveira, agora, o seu jantar é sempre junto dos pais e irmãos da família Oliveira. À noite, você compartilha de uma cama com seus irmãos na família Oliveira. Quando, na escola, o professor faz a chamada, e diz: "Oliveira", você levanta a mão, como o fazia o seu irmão mais velho e como o fará sua irmã mais nova. E faz isso não porque decidiu cumprir o papel de um Oliveira, e sim porque um dia alguém foi ao orfanato e disse: "Você será um Oliveira". Naquele dia você se tornou filho de alguém e irmão de outros.

Bem, o seu nome não é Oliveira, e sim *Cristão*, designado de acordo com o nome dAquele por meio de quem você foi adotado — Cristo (Ef 1.5). Agora você faz parte de toda a família de Deus. "Tanto o que santifica como os que são santificados, todos vêm de um só" (Hb 2.11).

Esta não é uma família disfuncional, cujos membros não conhecem um ao outro. É uma comunhão. Quando Deus o chamou à "comunhão de seu Filho Jesus Cristo, nosso Senhor" (1Co 1.9), Ele também o chamou à "comunhão" com toda a família (1Co 5.2).

E não é uma comunhão formal e requintada. É um corpo que se mantém unido por meio de nossas decisões individuais, mas também por algo que está muito além da decisão humana — a obra e a pessoa de Cristo. Se você dissesse: "Não faço parte da família", isso seria tão insensato como se arrancasse a sua própria mão ou nariz. Conforme Paulo disse aos cristãos de Corinto: "Não podem os olhos dizer à mão: Não precisamos de ti; nem ainda a cabeça, aos pés: Não preciso de vós" (1Co 12.21).

Em resumo, é impossível respondermos à pergunta "o que é um cristão?", sem entrarmos numa conversa sobre a igreja. É impossível, pelo menos, de acordo com a Bíblia. E não somente isso; se não acabarmos falando sobre a igreja, é difícil nos mantermos fiéis a qualquer das metáforas referentes a ela, porque o Novo Testamento usa tantas: uma família, uma comunhão, um corpo, uma noiva, um povo, um templo, uma senhora e seus filhos. E o Novo Testamento nunca retrata o cristão como alguém que existe *fora* da comunhão da igreja por muito tempo. A igreja não é realmente um lugar. É um povo — o povo de Deus em Cristo.

Quando alguém se torna um cristão, ele não se une a uma igreja local tão-somente porque isso é um hábito que contribui à maturidade espiritual. Ele se une a uma igreja local porque isso é a expressão daquilo em que Cristo *o tornou* — um membro de seu corpo. Estar unido a Cristo implica estar unido a todos os cristãos. Contudo, essa união universal precisa ter uma existência viva e atuante em uma igreja local.

Às vezes, os teólogos se referem à distinção entre a igreja universal (todos os cristãos, de todos os lugares, em toda a história) e a igreja local (as pessoas que se reúnem em um lugar específico para ouvir a Palavra sendo pregada, praticar o batismo e celebrar a Ceia do Senhor). À exceção de algumas referências à igreja universal (tal como Mateus 16.18 e grande parte de Efésios), em sua maioria o Novo Testamento apresenta referências à igreja local, como nestas palavras de Paulo: "À igreja de Deus que está em Corinto"; "Às igrejas da Galácia".

O que afirmamos em seguida é menos intenso, mas importante. O relacionamento entre nossa *membresia na igreja universal* e nossa *membresia na igreja local* é um pouco semelhante ao relacionamento entre *a justiça que Deus nos outorga mediante a fé* e *a prática da justiça em nossa vida diária*. Quando, pela fé, nos tornamos cristãos, Deus nos declara justos. Mas também somos chamados a praticar a justiça. Uma pessoa que continua a viver alegremente na injustiça faz-nos duvidar se ela realmente possui a justiça de Cristo (cf. Rm 6.1-18; 8.5-14; Tg 2.14-15). Esse princípio também se aplica àqueles que se recusam a comprometer-se com uma igreja local. Comprometer-se com uma igreja local é o resultado natural — confirma aquilo que Cristo fez. Se você não tem qualquer interesse em se comprometer verdadeiramente com um grupo de cristãos que ensinam a Bíblia e crêem no evangelho, deve perguntar a si mesmo se, de fato, pertence ao corpo de Cristo! Ouça com atenção o escritor da Epístola aos Hebreus:

> "Guardemos firme a confissão da esperança, sem vacilar, pois quem fez a promessa é fiel. Consideremo-nos também uns aos outros, para nos estimularmos ao amor e às boas obras. Não deixemos de congregar-nos, como é costume de alguns; antes, façamos admoestações e tanto mais quanto vedes que o Dia se aproxima. Porque, se vivermos deliberadamente em pecado, depois de termos recebido o pleno conhecimento da verdade, já não resta sacrifício pelos pecados; pelo contrário, certa expectação horrível de juízo e fogo vingador prestes a consumir os adversários" (Hb 10.23-27).

Se a nossa condição diante de Deus é de fato autêntica, isto se transportará às nossas decisões diárias, ainda que o processo seja lento e cheio de passos errados. Deus realmente muda o seu povo. Isso não é maravilhoso? Portanto, amigo, não seja complacente com uma idéia vaga de que você possui a justiça de Cristo, se não está seguindo uma vida de retidão. De modo semelhante, por favor, não se deixe enganar por um conceito vago sobre a igreja universal, se você não está buscando esse tipo de vida em uma igreja local.

Exceto em raras circunstâncias, um verdadeiro cristão edifica sua vida na vida de outros por meio da comunhão de uma igreja local. Ele sabe que ainda não "chegou lá". Ainda é um ser caído e necessita da responsabilidade e da instrução daquele corpo de pessoas chamado igreja. E essas pessoas necessitam dele.

Quando nos reunimos para adorar a Deus, exercitar o amor e praticar boas obras uns para com os outros, demonstramos na vida real, podemos assim dizer, o fato de que Deus nos reconciliou consigo mesmo e uns com os outros. Demonstramos ao mundo que fomos mudados, não primariamente porque memorizamos versículos bíblicos, oramos antes das refeições, damos o dízimo de nosso salário e ouvimos estações de rádio evangélicas, e sim porque mostramos de maneira crescente uma disposição de suportar, perdoar e amar um grupo de pecadores semelhantes a nós.

Você e eu não podemos demonstrar amor, alegria, paz, paciência ou bondade vivendo isoladamente. Ora, demonstramos essas virtudes quando as pessoas com as quais nos comprometemos dão boas razões para que não as amemos e, apesar disso, nós as amamos.

Você entende? É exatamente ali — no meio de um grupo de pecadores que se comprometeram a amar uns aos outros — que o evangelho é demonstrado. A igreja dá uma apresentação visual do evangelho quando perdoamos uns aos outros como Cristo nos perdoou; quando nos comprometemos uns com os outros como Cristo se comprometeu conosco e quando entregamos nossas vidas uns pelos outros como Cristo entregou sua vida por nós.

Juntos podemos demonstrar o evangelho de um modo que não podemos fazê-lo sozinhos.

Muitas vezes ouço cristãos falando a respeito de seus diferentes dons espirituais. Mas pergunto-me com que frequência eles consideram o fato de que Deus lhes deu tantos dons exatamente para serem usados em reações ao pecado de outros cristãos na igreja. O meu pecado dá-lhe oportunidade de exercer seus dons.

Portanto, una um grupo de homens e de mulheres, jovens e idosos, negros e brancos, asiáticos e africanos, ricos e pobres, iletrados e instruídos, com todos os seus diversos talentos, dons e capacidades. Assegure-se de que *todos eles* reconhecem que são pecadores, fracos e salvos tão-somente pela graça. O que são essas coisas? Os ingredientes essenciais para formar uma igreja!

Se o seu alvo é amar todos os cristãos, permita-me sugerir que você trabalhe para atingi-lo primeiramente por comprometer-se com um grupo concreto de *verdadeiros* cristãos, com todas as suas tolices e fraquezas. Comprometa-se com eles por oitenta anos, apesar de todas as dificuldades. Depois, procure-me, e conversaremos sobre o seu progresso no amar todos os cristãos, em todos os lugares.

Então, quem é responsável por pensar sobre o que deveria ser aquele ajuntamento de pessoas chamado igreja? Os pastores e líderes da igreja? Com toda a certeza. Todos os outros cristãos? Sem dúvida alguma. Ser um verdadeiro cristão significa preocupar-se com a vida e saúde do corpo de Cristo, a igreja. Significa preocupar-se com o que a igreja é e o que ela deveria ser, porque você, cristão, pertence à igreja.

De fato, nos interessamos pela igreja porque ela é o próprio corpo de nosso Salvador. Você já notou as palavras que Jesus usou para dirigir-se a Saulo (que em breve seria chamado Paulo), o perseguidor dos cristãos, quando o confrontou na estrada de Damasco? "Saulo, Saulo, por que me persegues?" (At 9.4). Jesus se identifica tão intimamente com sua igreja, que se refere a ela como a Si mesmo! Você se identifica com aqueles com os quais o Salvador se identifica? Seu coração compartilha das afeições do coração do Salvador?

Há pouco tempo recebi uma carta de um pastor que expressou seu desejo de que os membros de sua igreja soubessem o que deve ser uma igreja. Esse homem humilde deseja uma igreja que o ajude a sentir-se responsável por ela, enquanto a lidera em direção à graça e à piedade. Esse pastor entende o padrão do Novo Testamento. Compreende que um dia Deus o chamará a prestar contas da maneira como pastoreou sua igreja. E, como um pastor fiel, ele deseja que todos os membros de seu rebanho saibam que, um dia, também serão chamados a prestar contas da maneira como amaram uns aos outros, bem como a ele.

Deus perguntará a cada membro do corpo: "Você se alegrava com os outros membros do corpo, quando eles estavam alegres? Chorou com os que choravam? Tratou os fracos como membros indispensáveis e, com honra especial, aqueles que muitos achavam menos dignos de honra? Prestou honra dobrada àqueles que o lideravam e ensinavam?" (cf. 1Co 12.22-26; 1Tm 5.17.)

Cristão, você está preparado para o dia em que Deus o chamará a prestar contas da maneira como amou e serviu a família da igreja, incluindo os seus líderes? Sabe o que Deus afirma a respeito da natureza da igreja?

E pastor, você tem preparado o seu rebanho para a prestação de contas, ensinando-lhes o que a igreja deve ser? Você lhes tem ensinado que serão responsabilizados por afirmarem ou não o ensino do evangelho?

Capítulo 2

O que é uma igreja...
e o que não é

Na introdução, perguntei o que você procura em uma igreja e o que a Bíblia diz a respeito de como deve ser a igreja, mas não respondi essas perguntas. E os cristãos de hoje estão buscando todo tipo de coisas em uma igreja.

Lembro-me de uma conversa que tive durante meus anos de estudo na faculdade. Conversei com um amigo que trabalhava para um ministério cristão que não era ligado a qualquer igreja. Ele e eu freqüentamos a mesma igreja durante alguns anos. No entanto, tornei-me membro da igreja, mas o meu amigo não. De fato, ele ia somente aos cultos matinais de domingo e entrava quietamente na metade do culto, em tempo para ouvir o sermão.

Um dia, resolvi questioná-lo a respeito de sua frequência parcial. Ele respondeu: "Não obtenho nada do restante do culto".

Perguntei-lhe: você já pensou em unir-se à igreja?

Ele pareceu verdadeiramente surpreso com a pergunta. E respondeu: "Unir-me à igreja? Sinceramente, não sei por que eu faria isso. Sei por que estou aqui; e aquelas pessoas me tornariam menos ativo".

Até onde percebi, ele não falou essas palavras com desdém, e sim com um zelo autêntico de um evangelista talentoso que não desejava desperdiçar uma hora do tempo do Senhor. Expressou alguns de seus pensamentos sobre o que procurava em uma igreja. E, levando tudo em conta, não se envolveria com outros membros de igreja, pelo menos não daquela igreja. Ele queria um lugar em que poderia ouvir uma boa pregação da Palavra de Deus e obter seu estímulo espiritual para a semana.

No entanto, suas palavras repercutiram em minha mente — "aquelas pessoas me tornariam menos ativo". Havia muitas coisas que eu gostaria de ter dito, mas tudo que lhe respondi foi: você nunca pensou que, unindo-se àquelas pessoas, sim, elas poderão torná-lo menos ativo, mas você pode ajudá-las a serem mais dinâmicas? Nunca considerou que isso poder ser parte do plano de Deus para você e para elas?

Eu também queria uma igreja em que poderia ouvir uma boa pregação a cada domingo. Todavia, as palavras "corpo de Cristo" significam mais do que isso, não significam?

Conforme mencionei no Capítulo 1, a igreja não é um lugar. Não é um prédio. Não é um ponto de pregação. Não é um provedor de serviços espirituais. É um povo — o povo da nova aliança, comprado por sangue, o povo de Deus. Essa foi a razão por que Paulo disse: "Cristo amou a igreja e a si mesmo se entregou por ela" (Ef 5.25). Ele não se entregou por um lugar, e sim por um povo. Essa é a razão por que a igreja em que ministro começa suas reuniões matinais de domingo dizendo: "Sejam bem-vindos a *esta reunião* da Igreja Batista de Capitol Hill", e não: "Sejam bem-vindos à Igreja Batista de Capitol Hill". Somos um povo que se reúne. Sim, isso é algo trivial, mas estamos tentando ressaltar uma realidade mais importante até mesmo nas palavras que usamos para dar boas-vindas às pessoas.

Recordar que a igreja é um povo deve ajudar-nos a reconhecer o que é e o que não é importante. Sei que preciso de ajuda. Por exemplo, tenho a tentação de permitir que algo como o estilo de música determine o que eu penso a respeito de uma igreja. Afinal de contas, o estilo de música que uma igreja usa é uma das primeiras coisas que observaremos em qualquer congregação. E tendemos a reagir à música em um nível bastante emocional. A música faz com que *nos sintamos* de determinada maneira. Contudo, o que expressarei a respeito de meu amor por Cristo e seu povo, se eu deixar uma igreja por causa do seu estilo de música? Ou se, pastoreando uma igreja, eu marginalizar a maioria dos membros por pensar que seu estilo de música precisa ser atualizado? No mínimo, poderíamos dizer que esqueci o fato de que a igreja é, em essência, um povo e não um lugar.

Ao mesmo tempo, a Bíblia ensina que os cristãos devem ser bastante cuidadosos quanto ao que acontece na igreja — o que ela *faz*. Na verdade, a última metade deste livro dedica-se a essa questão.

Como mantemos essas duas coisas em equilíbrio — preocupar-nos com as pessoas e preocupar-nos com o que elas fazem. Se este fosse um livro a respeito de criar famílias cristãs, falaríamos sobre *fazer* certas coisas: jantar juntos, ler as Escrituras juntos, rir juntos, orar uns pelos outros e assim por diante. Mas, durante a conversa sobre o assunto, todos lembrariam que os pais cometem erros e as crianças são crianças. A família não é apenas uma instituição; é um grupo de pessoas.

Isso também é verdade a respeito da igreja. A sua igreja falha em atender suas expectativas em termos do que ela *faz*, bem como em seguir ou não o que a Bíblia diz sobre a liderança eclesiástica (um assunto que abordarei adiante)? Se isso está acontecendo, lembre-se de que ela é um grupo de pessoas que está crescendo na graça. Ame essas pessoas. Sirva-as. Tenha paciência para com elas. Pense novamente em uma família. Se seus pais, irmãos ou filhos fracassam em satisfazer suas expectativas, vocês os expulsa repentinamente da família? Espero que os perdoe e lhes demonstre paciência. Talvez pare e considere se as suas expectativas não devem ser ajustadas! Por isso mesmo, deveríamos perguntar-nos se sabemos como amar e perseverar com membros de igreja que têm opiniões diferentes, que falham em satisfazer as nossas expectativas ou pecam contra nós (Você e eu não temos pecados que necessitam ser perdoados?),

É claro que existe um limite. Há algumas igrejas com as quais você não desejaria unir-se, pastorear ou permanecer como membro. Retornaremos a esse assunto na seção em que falaremos sobre as marcas essenciais de uma igreja. Por enquanto, o princípio permanece o mesmo: a igreja é um povo. E, independentemente do que procuramos ou digamos sobre o que deve ser uma igreja, tudo tem de ser guiado por esse princípio básico e bíblico.

Quero dizer mais uma coisa que pode guardar-nos de uma maneira equivocada de pensar sobre a igreja, uma maneira de pensar especialmente comum entre os pastores. A igreja não é um lugar; tampouco, uma estatística. Quando eu estava na faculdade, deparei-me com uma carta importante escrita por John Brown, um pastor do século XIX, dirigida a um de seus alunos recém-ordenado em uma pequena igreja. Na carta, Brown escreveu:

> Eu conheço a vaidade do seu coração e uma das coisas que vai atingi-lo profundamente é que a congre-

gação, que lhe foi confiada, é muito pequena, principalmente quando você a compara às congregações de seus irmãos ao seu redor. Mas sinta-se seguro em uma palavra vinda de um homem já idoso e experimentado. Quando estiver perante Cristo, prestando conta dessa congregação que recebeu, lá no trono de julgamento, você saberá que recebeu o suficiente.[1]

Enquanto pensava na igreja da qual o Senhor me encarregou, senti a solenidade desse dia de prestação de contas a Deus. Eu queria que a igreja por mim pastoreada se tornasse grande? Popular ou bastante comentada? Uma igreja que, de algum modo, parecesse impressionante?

Estava motivado apenas a "suportar" e "tolerar" o grupo de pessoas que estava diante de mim, a comprometer meu tempo e a esperar por oportunidades para tornar a igreja naquilo que eu achava ela deveria ser? Ter desejos quanto ao futuro da igreja não é mau em si mesmo. No entanto, os meus desejos me levavam a ser indiferente ou inoportuno com os santos que me rodeavam naquele momento?

Ou eu lembrava o que estava em jogo para as muitas almas, a maioria delas bastante queridas, assentadas diante de

---

1. HAY, James; BELFRAGE, Henry. *Memoir of the rev. Alexander Waugh*. Edinburgh: William Oliphant and Son, 1839, p. 64-65.

mim todos os domingos de manhã, em um salão amplo, em que cabia 800 pessoas? Eu as amava e servia, apesar de suas comissões não-bíblicas, suas tradições antiquadas e suas escolhas de músicas (que não eram as minhas favoritas) frustrarem minhas esperanças (que eu considerava legítimas) para a igreja? Sei que não são apenas os pastores que caem na atitude de "tolerar" as pessoas que os cercam, comprometendo seu tempo, até que a igreja se torne o que imaginavam o que ela deveria ser.

A igreja é um povo, não um lugar, nem uma estatística. É um corpo, unido a Cristo, que é a cabeça. É uma família, unida por adoção por meio de Cristo.

Rogo a Deus que nós, pastores, reconheçamos cada vez mais a nossa responsabilidade solene pelos rebanhos específicos sobre os quais Deus nos tornou co-pastores.

Também peço a Deus que você, cristão, experiente ou novo na fé, reconheça cada vez mais seu dever de amar, servir, encorajar e ser responsável pelo resto da família de sua igreja. No que diz respeito aos seus irmãos naturais, creio que você já reconheceu onde Caim errou, quando disse sarcasticamente ao Senhor: "Acaso, sou eu tutor de meu irmão?" Contudo, espero muito mais que você reconheça, se ainda não a reconheceu, sua mais elevada responsabilidade para com os irmãos e irmãs da família de sua igreja.

Muita gente estava assentada ao redor dele e lhe disseram: Olha, tua mãe, teus irmãos e irmãs estão lá fora à tua procura. Então, ele lhes respondeu, dizendo: Quem é minha mãe e meus irmãos? E, correndo o olhar pelos que estavam assentados ao redor, disse: Eis minha mãe e meus irmãos. Portanto, qualquer que fizer a vontade de Deus, esse é meu irmão, irmã e mãe (Mc 3.32-35).

Capítulo 3

O que toda igreja deve almejar: ser saudável

Se você é um pai cristão, o que deseja para seus filhos? Se você é um verdadeiro filho cristão, o que deseja para sua família?

Talvez você deseje que diversas qualidades marquem constantemente a sua família: amor, alegria, santidade, unidade e reverência diante do Senhor. Você pode imaginar uma série de itens. Tentemos, porém, resumir todas essas qualidades em uma única palavra: *saudável*. Você deseja ter uma família saudável — uma família cujos membros trabalhem, amem e vivam juntos, conforme Deus planejou que a família o fizesse.

Isso também é verdade no que diz respeito às nossas igrejas. Proponho que os cristãos, pastores e membros de igreja, deviam desejar igrejas saudáveis.

Talvez haja uma palavra melhor do que "saudável" para descrever o que a igreja deve ser. Afinal de contas, estamos falando sobre as pessoas compradas pelo sangue do eterno Filho, o Rei dos reis e o Senhor dos senhores — "saudável" é a melhor palavra que eu posso sugerir? Apesar disso, gosto da palavra saudável, porque ela comunica a idéia de um corpo que é vivo e cresce como deveria fazer. Esse corpo tem os seus problemas. Ainda não foi aperfeiçoado, mas está avançando. Está fazendo o que deveria porque a Palavra de Deus está guiando-o.

Com freqüência, digo a minha congregação que, na luta contra o pecado em nossa vida, a diferença entre os não-cristãos e os cristãos *não* é o fato de que aqueles pecam, enquanto estes não pecam. A diferença é o lado em que cada um fica na luta. Os cristãos ficam ao lado de Deus contra o pecado, e os não-cristãos ficam ao lado do pecado contra Deus. Em outras palavras, o cristão pecará, mas se voltará para Deus e sua Palavra, dizendo: "Ajuda-me a lutar contra o pecado". O não-cristão, embora reconheça o seu pecado, reage assim: "Eu quero o meu pecado, mais do que a Deus".

Uma igreja saudável não é uma igreja perfeita e impecável. Ela não resolveu todos os problemas. Pelo contrário, é uma igreja que se esforça continuamente para ficar ao lado de Deus na luta contra os desejos ímpios e os enganos do mundo, de nossa carne e do Diabo. É uma igreja que procura se conformar sempre à Palavra de Deus.

Quero oferecer-lhe uma definição mais exata. Em seguida, consideraremos algumas passagens bíblicas que endossam esta definição. *Uma igreja saudável é uma congregação que reflete crescentemente o caráter de Deus, conforme ele é revelado em sua Palavra.*

Então, se um pastor me pergunta que tipo de igreja eu o estimularia a desejar, eis a minha resposta: uma igreja saudável, uma igreja que reflete crescentemente o caráter de Deus, conforme ele é revelado em sua Palavra.

E, cristão, a que tipo de igreja eu poderia incentivá-lo a unir--se, servir e trabalhar em favor? Uma igreja saudável, uma igreja que reflete crescentemente o caráter de Deus, conforme ele é revelado em sua Palavra.

Se você leu com atenção, percebeu que eu disse "poderia". Disse isso por duas razões. Primeira, não quero sugerir que esta é a única maneira de descrevermos o que as igrejas devem ser. Ocasiões e propósitos diferentes podem exigir descrições diferentes. Um autor pode querer combater o legalismo e a licenciosidade nas igrejas, começando a sua descrição nestes termos: "A coisa mais importante que uma igreja deve ser é centralizada na cruz". Eu concordaria com essa descrição. Outro autor poderia querer lidar com a falta de fundamentação bíblica em nossas igrejas. Neste caso, ele poderia exortar-nos a desenvolver igrejas centradas na Bíblia. Novamente, eu diria "amém".

A segunda razão é que não presumo que alguém não poderia expressar melhor o que estou tentando explicar. Ou seja, de modo simples, o melhor que posso dizer para explicar o que creio é também o alvo bíblico central que devemos aspirar para as nossas igrejas — refletir o caráter de Deus, conforme ele é revelado em sua Palavra.

Que cristão não deseja isso?

Refletir o caráter de Deus conforme ele é revelado em sua Palavra implica, naturalmente, começarmos pela Palavra de Deus. Por que devemos recorrer à Bíblia, e não a quaisquer outras "obras", para determinar o que as nossas igrejas devem *ser* e *fazer*?

Escrevendo a Timóteo, o pastor da igreja em Éfeso, Paulo disse, em sua segunda epístola, que a Bíblia o tornaria "habilitado para toda boa obra". Em outras palavras, não havia qualquer boa obra para a qual a Escritura não prepararia Timóteo — ou a nós. Se houvesse algo que nossas igrejas acham que deveriam ser ou fazer, e isso *não* estivesse nas Escrituras, o apóstolo Paulo estaria errado, porque, nesse caso, não poderia ter dito que as Escrituras nos preparam "para toda boa obra".

Estou dizendo que não devemos usar os bons cérebros que Deus nos deu? Não, estou dizendo apenas que vamos começar pelas Escrituras e observar o que encontramos.

Consideraremos, de modo breve, seis momentos na linha histórica da Bíblia que nos ajudarão a perceber que desejamos igrejas que reflitam incessantemente o caráter de Deus, conforme ele é revelado em sua Palavra. Você sabe que a Bíblia conta realmente uma história. Essa história tem inúmeros enredos secundários, mas todos fazem parte de uma única e grande história. Nosso alvo é perceber se podemos discernir o que Deus pretende para a igreja nessa linha histórica.

1) Criação

Em Gênesis, Deus criou as plantas e os animais "segundo as suas espécies". Cada macieira é formada segundo cada outra macieira; e cada zebra é formada de acordo com cada outra zebra. Quanto à raça humana, as Escrituras dizem: "Façamos o homem à nossa imagem, conforme a nossa semelhança" (Gn 1.26). O homem não é formado segundo cada outro homem. Ele é formado segundo a imagem de Deus. Ele é o único que reflete a Deus ou se parece com Ele.

Visto que fomos os únicos criados à imagem de Deus, os humanos devem ser os únicos que refletem *a imagem* e a glória de Deus para o restante da criação. À semelhança de um filho que age como seu pai e segue os passos profissionais de seu pai (Gn 5.1, seg.; Lc 3.38), o homem foi idealizado para *ser um reflexo* do caráter e do governo de Deus sobre a criação: "Tenha ele domínio sobre os peixes do mar, sobre as aves dos céus, sobre os animais domésticos, sobre toda a terra e sobre todos os répteis que rastejam pela terra" (Gn 1.26).

2) Queda

No entanto, o homem decidiu não refletir o governo de Deus. Ele se revoltou contra Deus e começou a trabalhar para manifestar seu próprio governo. Por isso, o Senhor deu ao homem aquilo que ele desejava e o baniu de sua presença. A culpa moral do homem implicou que ele não podia mais, por si mesmo, aproximar-se de Deus.

Os homens ainda preservam a imagem de Deus, mesmo depois da Queda? Sim, Gênesis reafirma que o homem ainda é feito à "imagem" de Deus (Gn 5.1; 9.6). Contudo, tanto a imagem como o reflexo dessa imagem estão distorcidas. O espelho é curvo, você poderia dizer, e uma falsa imagem é refletida, como uma imagem grotesca, distorcida. Mesmo em nosso pecado, refletimos algo a respeito de Deus — coisas verdadeiras e falsas misturadas. Na linguagem dos teólogos, o homem se tornou "culpado" e "corrupto".

3) Israel

Em sua misericórdia, Deus estabeleceu um plano para *salvar* e *usar* um grupo de pessoas a fim de cumprirem seus propósitos originais para a criação — a manifestação de sua glória. Ele prometeu a um homem chamado Abrão que o abençoaria, bem como os seus descendentes. Eles, por sua vez, seriam uma bênção para todas as nações (Gn 12.1-3). Deus os chamou de "nação santa" e "reino de sacerdotes" (Êx 19.5-7), significando que eles haviam sido separados especialmente para mediar ou refletir o caráter e a glória de Deus às nações, por obedecerem à lei que lhes fora dada (como Adão deveria ter feito). Mostrem ao mundo como Eu sou, Deus estava dizendo a Israel. "Santos sereis, porque eu... sou santo" (Lv 11.44; 19.2; 20.7).

Ele até chamou esta nação de seu "filho", pois se espera que os filhos sigam os passos de seus pais (Ex 4.22-23). E prometeu habitar com esse filho na terra que lhes estava dando, um cenário em que a nação poderia manifestar a glória de Deus (1Rs 8.41-43).

No entanto, Deus advertiu esse filho de que, se ele falhasse em obedecer e demonstrar o seu caráter santo, Ele o lançaria fora da terra. Encurtando a história, o filho não obedeceu, e Deus o expulsou de sua presença e da terra.

4) Cristo

Uma das principais lições que o antigo Israel nos ensina é que seres humanos caídos, entregues a si mesmos, não podem refletir a imagem de Deus — embora tivessem as vantagens da lei, da terra e da presença de Deus. Como deveríamos, todos nós, ser humilhados pela história de Israel! Somente Deus pode refletir a sua própria imagem, e somente Ele pode nos salvar do pecado e da morte.

Por isso, Ele enviou seu Filho para nascer "em semelhança de homens" (Fp 2.7). Esse Filho amado, em quem o Pai teve prazer, submeteu-se completamente ao governo ou ao reino de Deus. Ele fez o que Adão não fez — resistiu à tentação de Satanás. "Não só de pão viverá o homem, mas de toda palavra que procede da boca de Deus" (Mt 4.4), disse Jesus ao tentador, quando jejuava no deserto.

Jesus fez também o que Israel não fez. Ele viveu totalmente de acordo com a vontade e a lei do Pai: "Nada faço por mim mesmo; mas falo como o Pai me ensinou" (Jo 8.28; ver também Jo 6.38; 12.49).

Esse Filho que vivenciou plenamente a imagem de seu Pai podia dizer ao discípulo Filipe: "Quem me vê a mim vê o Pai" (João 14.9).

Tal Pai, tal Filho.

Olhando para trás, os autores das cartas do Novo Testamento se referiram a Ele como "a imagem do Deus invisível" (Cl 1.15) e o "o resplendor da glória e a expressão exata do seu Ser" (Hb 1.3). Na qualidade de último Adão e o novo Israel, Jesus Cristo redimiu a imagem de Deus no homem.

E Cristo não somente refletiu a gloriosa santidade de Deus, por meio da obediência à lei, mas também demonstrou a gloriosa misericórdia e amor de Deus, ao morrer na cruz em favor dos pecadores, sofrendo a penalidade da culpa que eles mereciam (Jo 17.1-3). Este sacrifício substitutivo de Cristo era algo para o qual o Antigo Testamento apontou durante toda sua história. Pense nos animais que foram mortos para cobrir a nudez de Adão e Eva, depois de haverem pecado. Pense na maneira como Deus providenciou um carneiro nos arbustos para Abraão e Isaque, salvando assim Isaque. Pense em José, o filho que foi sacrificado e mandado embora por seus irmãos, de modo que um dia se tornasse mediador para a nação. Pense nas pessoas de Israel passando o sangue de um cordeiro nas portas de suas casas, a fim de pouparem os filhos da morte. Pense nas famílias israelitas que traziam suas ofertas ao átrio do templo, colocavam as mãos sobre a cabeça do animal e cortavam sua garganta — "O sangue derramado do animal é meu". Pense no sumo sacerdote entrando no Santo dos Santos, uma vez por ano, para oferecer um sacrifício de expiação por todo o povo. Pense na promessa do profeta Isaías: "Ele foi traspassado pelas nossas transgressões e moído pelas nossas iniquidades; o castigo que nos traz a paz estava sobre ele, e pelas suas pisaduras fomos sarados" (Is 53.5).

Tudo isso e muito mais apontava para Jesus, que foi à cruz como o cordeiro sacrificial de Deus. Conforme Jesus disse aos seus discípulos, no cenáculo, Ele foi à cruz para estabelecer uma "nova aliança" no seu sangue [Mt 26.28; Mc 14.24; Lc 22.20; 1Co 11.25], em favor de todos os que se arrependeriam e creriam.

5) A Igreja

Nós, que estávamos mortos em nossos pecados, fomos vivificados quando fomos batizados na morte e na ressurreição de Cristo. Por isso, Paulo disse: "Todos vós sois filhos de Deus mediante a fé em Cristo Jesus; porque todos quantos fostes batizados em Cristo de Cristo vos revestistes" (Gl 3.26-27); e: "Porque vós sois filhos, enviou Deus ao nosso coração o Espírito de seu Filho, que clama: Aba, Pai!" (Gl 4.6-7).

O que esses muitos filhos de Deus devem fazer? Manifestar o *caráter*, a *semelhança*, a *imagem* e a *glória* do Filho e do Pai, que está no céu!

Jesus nos diz que sejamos "pacificadores", visto que o Pai fez a paz entre Ele mesmo e nós por meio do sacrifício de seu Filho (Mt 5.9).

Jesus nos diz que amemos os nossos inimigos, porque nosso Pai celeste nos amou embora fôssemos seus inimigos (Mt 5.44; Rm 5.8).

Jesus nos diz que amemos uns aos outros, visto que Ele deu sua própria vida por amar-nos e, por amarmos uns aos outros, mostramos ao mundo como Ele é (Jo 13.34-35).

Jesus orou pedindo que sejamos "um", assim como Ele e o Pai são um (Jo 17.20-23).

Jesus nos diz que sejamos "perfeitos", como o é nosso Pai celestial (Mt 5.48).

Jesus nos diz que sejamos "pescadores de homens" e façamos discípulos de todas as nações (Mt 4.19; 28.19). Ele nos envia assim como o Pai O enviou (Jo 20.21).

Tal Pai, tal Filho, e tais filhos.

Purificado de seu pecado mediante a obra de Cristo, tornado uma nova criação e possuidor de um coração nascido de novo, pela obra do Espírito, o povo de Deus começou a recuperar a perfeita imagem de Deus. Cristo é as nossas primícias (1Co 15.23). Ele retirou o véu e abriu o caminho para que a igreja contemple novamente a imagem do Pai (2Co 3.14, 16). Contemplamos a imagem dEle pela fé e "somos transformados, de glória em glória, na sua própria imagem" (2Co 3.18).

Você quer ver o propósito de Deus para a Igreja resumido em apenas dois versículos? Paulo declarou:

> Para que, pela igreja, a multiforme sabedoria de Deus se torne conhecida, agora, dos principados e potestades nos lugares celestiais, segundo o eterno propósito que estabeleceu em Cristo Jesus, nosso Senhor (Ef 3.10-11).

Como a igreja torna conhecida a multiforme sabedoria de Deus? Somente um Deus onisciente poderia idealizar uma maneira de reconciliar seu amor com sua justiça e, ao mesmo tempo, salvar um povo pecaminoso, que estava alienado dEle e uns dos outros. E somente um Deus onisciente poderia criar uma maneira de tornar nosso coração de pedra em coração de carne, para amá-Lo e louvá-Lo. Que os poderes cósmicos, em todo o universo, vejam e se admirem.

6) Glória

Refletiremos mais perfeitamente a imagem de Deus quando O contemplarmos com perfeição na glória — "Amados, agora, somos filhos de Deus, e ainda não se manifestou o que haveremos de ser. Sabemos que, quando ele se manifestar, seremos semelhantes a ele, porque haveremos de vê-lo como ele é" (1Jo 3.2). Santos como Ele é santo, amando como Ele ama. Unidos com Ele. Esse versículo não é uma promessa de que todos seremos deuses. É uma promessa de que nossa alma resplandecerá sobremaneira com o caráter e a glória dEle, como espelhos perfeitos cujas faces estão voltadas para o sol.

Você acompanhou a história? Eis uma recapitulação. Deus criou o mundo e a humanidade para manifestarem a glória de seu Ser. Adão e Eva, que deviam refletir a imagem do caráter de Deus, não o fizeram. Nem o povo de Israel. Por isso, Deus enviou seu Filho para manifestar seu caráter santo e amável e remover a sua ira contra os pecados do mundo. Em Cristo, Deus veio ao mundo para revelar-se a Si mesmo. Em Cristo, Deus veio ao mundo para salvar-nos.

Agora, a igreja, que recebeu a vida de Cristo e o poder do Espírito Santo, é chamada a manifestar o caráter e a glória de Deus a todo o universo, testemunhando em atos e palavras a grande sabedoria de Deus e a sua obra de salvação.

O que você está procurando em uma igreja? Boa música? Um lugar onde as coisas acontecem? Uma ordem tradicional de culto? Que tal...

> *Um grupo de rebeldes perdoados...*
> *Que Deus pretende usar para manifestar a sua glória...*
> *Diante de todas as hostes celestiais...*
> *Porque eles falam a verdade a respeito dEle...*
> *E se parecem cada vez mais com Ele — sendo santos, amáveis e unidos?*

Capítulo 4

Um guia crucial: como manifestar o caráter de Deus

Confesso que não sou muito bom nas coisas práticas de minha casa — fazer prateleiras, conectar os fios do aparelho de som, descobrir o que fazem todos os botões de meu telefone. Nem mesmo acho os manuais proveitosos. Geralmente tenho de me entregar à bondade e ingenuidade dos amigos e da família.

Sou grato pelo fato de que minha falta de habilidade em algumas dessas áreas práticas não é um impedimento para eu seguir o guia crucial — o que a Bíblia diz a respeito de como a igreja pode manifestar o glorioso caráter de Deus. O princípio básico é bem simples: temos de ouvir a Palavra de Deus e segui-la. Somente dois passos: ouvir e seguir.

Ouvindo e seguindo a Palavra de Deus, refletimos a imagem e manifestamos o caráter e a glória de Deus, como embaixadores de um rei.

Ou como um filho. Imagine um filho cujo pai viajou para um lugar distante e escreveu-lhe uma série de cartas, instruindo-o a respeito de como ele deveria manter o nome da família e conduzir os seus negócios. Mas suponha que o filho jamais tenha lido as cartas de seu pai. Como ele aprenderia a representar o pai e conduzir os seus negócios? Não aprenderia. Isso também acontece com uma igreja local que ignora a Palavra de Deus.

Desde que Adão foi expulso do jardim, por não obedecer à Palavra de Deus, toda a humanidade tem estado dividida em dois grupos: os que obedecem à Palavra de Deus, e os que não a obedecem. Noé obedeceu. Os construtores da Torre de Babel não. Abraão obedeceu. Faraó não. Davi obedeceu. Muitos de seus filhos não. Zaqueu obedeceu. Pilatos não. Paulo obedeceu. Os falsos apóstolos não.

E poderíamos continuar citando pessoas da história da igreja. Atanásio obedeceu à Palavra de Deus. Ário não. Lutero obedeceu. A Igreja de Roma não. Gresham Machen obedeceu. Emerson Fosdick não.

Certamente não reivindico possuir discernimento infalível e divino quanto a esse último grupo. Contudo, a história bíblica nos ensina com segurança que a distinção entre o povo de Deus e os impostores está no fato de que o povo de Deus ouve a Palavra de Deus e leva-a em consideração. Os outros não.

Foi isso que Moisés, com grande empenho, comunicou pela segunda vez, conforme diz o texto de Deuteronômio, enquanto estava às portas da Terra Prometida, com o povo de Israel. Ele começou recordando-lhes que permanecera com os seus pais quarenta anos e que estes não tinham ouvido a Palavra de Deus. Por isso, Deus os castigou com a morte no deserto. Os três discursos, que no relato seguem por quase trinta capítulos, podem ser resumidos de modo bem simples: "Ouçam. Atentem. Escrevam. Recordem o que Deus disse. Foi Ele quem os salvou da escravidão no Egito. Portanto, ouçam a Deus". No capítulo 30, Moisés ressalta a importância de tudo que dissera, para incutir-lhes este único mandamento: "Escolhe, pois, a vida" (v. 19).

O povo de Deus achará vida completa exclusivamente por ouvir a Palavra de Deus e prestar-lhe obediência. Isso é simples.

A mensagem de Deus para a igreja do Novo Testamento não é diferente. Ele nos salvou da escravidão do pecado e da morte quando ouvimos a sua Palavra e cremos (Rm 10.17). Agora, ouvimos a sua Palavra e a seguimos. Por ouvirmos e seguirmos o que Ele disse, refletimos crescentemente o caráter e a glória de Deus.

Alguém talvez se oponha, dizendo: "Isso parece mostrar a igreja focalizada em si mesma. A igreja não é chamada a focalizar-se nos outros — em missões e evangelização?" Certamente, a igreja é chamada a essas coisas. Isso faz parte da manifestação do caráter de Deus. Jesus disse: "Vinde após mim, e eu vos farei pescadores de homens" (Mt 4.19). Ou, como Ele disse em outra ocasião: "Assim como o Pai me enviou, eu também vos envio" (Jo 20.21). Quando fazemos missões, evangelização e a obra do reino, fazemos isso de conformidade com a Palavra de Deus; e, nesse caso, em conformidade com Mateus 4.19, João 20.21 e várias outras passagens. Não fazemos essas coisas porque algum teólogo as imaginou e todos concordam que era uma boa idéia. Pregamos, evangelizamos e fazemos a obra do reino *porque Deus diz, em sua Palavra, que devemos fazer essas coisas*.

Afinal de contas, a história não é dividida principalmente entre os que evangelizam e os que não evangelizam. Isso não é *fundamentalmente* o que define a igreja. A história está dividida entre os que ouvem a Deus e os que não O ouvem.

Essa foi a razão por que **Mateus** narrou o que Jesus disse a Satanás quanto ao homem viver "de toda palavra que procede da boca de Deus" (Mt 4.4), bem como as palavras finais de Jesus aos seus discípulos — "Fazei discípulos de todas as nações, batizando-os... ensinando-os a guardar todas as coisas que vos tenho ordenado" (Mt 28.19-20).

Essa foi a razão por que **Marcos** relatou a parábola de Jesus sobre a semente plantada em diferentes solos, como uma parábola sobre a Palavra de Deus (Mc 4). Alguns a aceitarão; outros não.

Essa foi a razão por que **Lucas** descreveu-se a si mesmo como testemunha ocular e ministro da Palavra (Lc 1.2) e registrou esta promessa de Jesus: "Bem-aventurados são os que ouvem a palavra de Deus e a guardam!" (Lc 11.28).

Essa foi a razão por que **João** narrou as últimas palavras de Jesus dirigidas a Pedro como uma exortação repetida três vezes: "Apascenta as minhas ovelhas" (Jo 21.15-17). Apascentá-las com o quê? Com a Palavra de Deus.

Essa foi a razão por que, quando a igreja primitiva se reunia, conforme o livro de **Atos**, eles se dedicavam à "doutrina dos apóstolos" (At 2.42).

Essa foi a razão por que o apóstolo Paulo disse aos crentes de **Roma**: "A fé vem pela pregação, e a pregação, pela palavra de Cristo" (Rm 10.17).

Essa foi a razão por que ele disse aos crentes de **Corinto** que "a mensagem da cruz" é o "poder de Deus" para a salvação (1Co 1.18), pois "aprouve a Deus salvar os que crêem pela loucura da pregação" (1Co 1.21). Também foi a razão por que, posteriormente, Paulo disse a essa mesma igreja que ele não mercadejava nem adulterava a Palavra de Deus, e sim manifestava a verdade, tendo em vista a felicidade eterna deles (2Co 2.17; 4.2).

Essa foi a razão por que ele disse aos crentes da **Galácia**: "Se alguém vos prega evangelho que vá além daquele que recebestes, seja anátema" (Gl 1.9).

Essa foi a razão por que ele disse aos crentes de **Éfeso** que eles haviam sido unidos a Cristo depois que ouviram "a palavra da verdade, o evangelho da... salvação" (Ef 1.13). Também lhes disse que Deus "concedeu uns para apóstolos, outros para profetas, outros para evangelistas e outros para pastores e mestres, com vistas ao aperfeiçoamento dos santos para o desempenho do seu serviço, para a edificação do corpo de Cristo, até que todos cheguemos à unidade da fé e do pleno conhecimento do Filho de Deus, à perfeita varonilidade, à medida da estatura da plenitude de Cristo" (Ef 4.11-13).

Essa foi a razão por que ele disse aos crentes de **Filipos** que, por causa de suas cadeias, "a maioria dos irmãos, estimulados no Senhor por minhas algemas, ousam falar com mais desassombro a palavra de Deus" (Fp 1.14).

Essa foi a razão por que ele disse aos crentes de **Colossos**: "Habite, ricamente, em vós a palavra de Cristo; instruí-vos e aconselhai-vos mutuamente em toda a sabedoria, louvando a Deus, com salmos, e hinos, e cânticos espirituais, com gratidão, em vosso coração" (Cl 3.16).

Essa foi a razão por que ele disse aos crentes de **Tessalônica**: "Outra razão ainda temos nós para, incessantemente, dar graças a Deus: é que, tendo vós recebido a palavra que de nós ouvistes, que é de Deus, acolhestes não como palavra de homens, e sim como, em verdade é, a palavra de Deus, a qual, com efeito, está operando eficazmente em vós, os que credes" (1Ts 2.13). E, posteriormente, os instruiu: "Irmãos, permanecei firmes e guardai as tradições que vos foram ensinadas, seja por palavra, seja por epístola nossa" (2Ts 2.15).

Essa foi a razão por que ele disse a seu discípulo **Timóteo** que os presbíteros que este escolheria para a igreja tinham de ser aptos "para ensinar", enquanto os diáconos que serviam em sua igreja deviam conservar "o mistério da fé com a consciência limpa" (1Tm 3.2, 9). Em uma carta subseqüente, Paulo disse a Timóteo que seu trabalho se concentrava em coisa essencial:

> Prega a palavra, insta, quer seja oportuno, quer não, corrige, repreende, exorta com toda a longanimidade e doutrina. Pois haverá tempo em que não suportarão a sã doutrina; pelo contrário, cercar-se-ão de mestres segundo as suas próprias cobiças, como que sentindo coceira nos ouvidos; e se recusarão a dar ouvidos à verdade, entregando-se às fábulas (2Tm 4.2-4).

Essa foi a razão por que ele se regozijou com **Tito** pelo fato de que Deus "manifestou a sua palavra mediante a pregação que me foi confiada por mandato de Deus, nosso Salvador' (Tt 1.3).

Essa foi a razão por que ele encorajou **Filemom** a ser ativo em compartilhar sua "fé". Neste caso, a palavra fé não se refere a um estado emocionalmente subjetivo, e sim a um conjunto definido de crenças (Fm 6).

Essa foi a razão por que o autor de **Hebreus** advertiu: "A palavra de Deus é viva, e eficaz, e mais cortante do que qualquer espada de dois gumes, e penetra até ao ponto de dividir alma e espírito, juntas e medulas, e é apta para discernir os pensamentos e propósitos do coração" (Hb 4.12).

Essa foi a razão por que **Tiago** relembrou aos seus leitores que Deus, "segundo o seu querer... nos gerou pela palavra da verdade" e que não devemos ser somente ouvintes "da palavra", enganando-nos a nós mesmos (Tg 1.18, 22).

Essa foi a razão por que **Pedro** lembrou aos santos espalhados em diversas regiões que eles haviam sido "regenerados não de semente corruptível, mas de incorruptível, mediante a palavra de Deus, a qual vive e é permanente", e que "a palavra do Senhor... permanece eternamente" (1Pe 1.23, 25). Essa também foi a razão por que ele disse, em sua segunda epístola: "Nenhuma profecia da Escritura provém de particular elucidação; porque nunca jamais qualquer profecia foi dada por vontade humana; entretanto, homens santos falaram da parte de Deus, movidos pelo Espírito Santo" (2Pe 1.20-21).

Essa foi a razão por que **João** escreveu: "Aquele, entretanto, que guarda a sua palavra, nele, verdadeiramente, tem sido aperfeiçoado o amor de Deus. Nisto sabemos que estamos nele:

aquele que diz que permanece nele, esse deve também andar assim como ele andou" (1Jo 2.5-6). E por que ele disse: "E o amor é este: que andemos segundo os seus mandamentos" (2 Jo 6) e declarou que não tinha "maior alegria do que esta, a de ouvir que meus filhos andam na verdade" (3Jo 4).

Essa foi a razão por que **Judas** gastou quase toda a sua epístola advertindo seus leitores quanto aos falsos mestres (Jd 4-16) e prometeu que o Senhor viria para "exercer juízo contra todos e para fazer convictos todos os ímpios, acerca de todas as obras ímpias que impiamente praticaram e acerca de todas as palavras insolentes que ímpios pecadores proferiram contra ele" (Jd 15).

Finalmente, essa foi a razão por que Jesus, no livro de **Apocalipse**, elogiou a igreja de Filadélfia: "Conheço as tuas obras... que tens pouca força, entretanto, guardaste a minha palavra e não negaste o meu nome" (Ap 3.8).

A igreja acha sua vida à medida que ouve a Palavra de Deus. Acha seu propósito à medida que vive e manifesta a Palavra de Deus. A tarefa da igreja consiste em ouvir e, depois, ecoar. É isso mesmo. O primeiro desafio que as igrejas enfrentam em nossos dias não é descobrir como podem ser "relevantes", "estratégicas", "sensíveis" ou mesmo "ousadas". O seu desafio primordial é descobrir como ser fiel — como ouvir, confiar e obedecer.

Em última análise, somos semelhantes ao povo de Israel quando se preparava para entrar na Terra Prometida. Deus está nos dizendo: "Igreja, ouça, siga!" A boa notícia é que, diferentemente do Israel étnico, temos a completa revelação de Deus em Jesus Cristo. E temos o Espírito de seu Filho, o selo e a promessa de nossa redenção. Por todos esses motivos, desejo que continuemos ouvindo, enquanto avançamos para a segunda parte deste livro.

O que mais Deus nos ensina, em sua Palavra, a respeito de uma igreja saudável? As nove marcas de uma igreja saudável, que discutiremos agora, não são, eu espero, apenas idéias minhas. São uma tentativa de impulsionar-nos, todos, a continuar ouvindo. Olhe novamente o sumário e perceberá o que pretendo dizer: pregação expositiva (ou *bíblica*), teologia *bíblica*, um entendimento *bíblico* das boas-novas, um entendimento *bíblico* da conversão, um entendimento *bíblico* da membresia, um entendimento *bíblico* da disciplina eclesiástica e assim por diante.

Ainda que você não concorde com o que eu disser nos capítulos seguintes, espero que discorde por achar que a Bíblia afirma algo diferente do que eu acho que ela diz. Em outras palavras, espero que você também permita que o seu ouvir a Palavra de Deus guie os seus pensamentos sobre o que uma igreja local deve ser e fazer.

Breves Conselhos
Se você está pensando em deixar sua igreja...

Antes da decisão final,

1. Ore.
2. Informe ao seu pastor o que você está pensando, antes de mudar para outra igreja ou tomar sua decisão de mudar-se para outra cidade. Peça-lhe conselhos.
3. Analise seus motivos. Você deseja sair da igreja por causa de conflito pessoal e pecaminoso ou desapontamento? Se for por causa de razões doutrinárias, essas doutrinas são questões importantes?
4. Faça tudo que puder para restabelecer qualquer relacionamento rompido.
5. Assegure-se de levar em conta todas as "evidências da graça" que você tem visto na igreja — ocasiões em que a obra de Deus é evidente. Se você não pode observar qualquer evidência da graça de Deus, talvez deva examinar outra vez seu próprio coração (Mt 7.3-5).
6. Seja humilde. Reconheça que você não dispõe de todos os fatos e avalie amavelmente as pessoas e as circunstâncias (proporcione-lhes o benefício da dúvida).
7. Não divida o corpo.

8. Tenha muito cuidado para não mostrar descontentamento mesmo entre seus amigos mais achegados. Lembre-se: você não quer nada que obstrua o crescimento espiritual deles na igreja. Rejeite qualquer desejo por fofoca (às vezes referida como "expressar seus pensamentos" ou "dizer como se sente").
9. Ore em favor e abençoe a igreja e a sua liderança. Descubra maneiras de tornar isso prático.
10. Se você foi magoado, perdoe, assim como você foi perdoado.

Parte 2

Marcas essenciais de uma igreja saudável

Decidimos que queremos igrejas saudáveis. Desejamos congregações de pessoas que reflitam crescentemente o caráter de Deus, conforme Ele é revelado em sua Palavra. Que as igrejas sejam grandes ou pequenas. Que sejam urbanas ou rurais, tradicionais ou contemporâneas. Que se reúnam em casas, prédios, escolas ou lojas. Acima de tudo, que elas manifestem ao mundo como o nosso Deus é santo e amável; e dêem, em atos e palavras, testemunho da maravilhosa glória de Deus.

A pergunta que temos de considerar é esta: *o que caracteriza uma igreja saudável?*

Se estivéssemos falamos sobre manter a saúde de um corpo físico, a conversa, nesta altura, trataria de alimentar-se segundo uma dieta balanceada, exercitar-se, dormir bem e assim por diante. E o que diríamos sobre o corpo da igreja?

Nesta e na próxima seção, descreverei as nove marcas de uma igreja saudável. Essas marcas não constituem tudo que alguém gostaria de falar sobre uma igreja. Não são necessariamente as coisas mais importantes quanto à igreja. Por exemplo, o batismo e a ceia são aspectos essenciais de uma igreja bíblica, como lhe diriam estudantes de história da igreja. Mas não são discutidos de maneira direta nesta obra. O motivo é este: quase toda igreja deseja praticá-los. As nove qualidades discutidas aqui são marcas que podem distinguir uma igreja bíblica, correta e saudável de muitas de suas irmãs enfermas. Essas nove marcas são raramente encontradas em nossos dias; por isso, há uma necessidade especial de serem trazidas à nossa atenção e cultivadas em nossas igrejas.

Nesta seção, descreverei o que chamo de três marcas essenciais de uma igreja saudável. Estas marcas são, no pleno sentido, essenciais. Retire a pregação expositiva, a teologia bíblica e o entendimento bíblico do evangelho, e você observará a saúde da igreja declinando rápida e radicalmente. De fato, espere que logo ela morra (ainda que suas portas estejam, tecnicamente, abertas).

Infelizmente, a história da igreja contém inúmeros exemplos de pastores que, talvez por bons motivos, procuraram tornar suas igrejas mais "relevantes" ou "convenientes", comprometendo uma dessas três marcas. Em determinado sentido, eles tentaram ser mais sábios do que Deus. Não siga esse caminho.

Se alguém me procura e pergunta se deveria aceitar o pastorado de uma igreja que não deseja que ele pregue de maneira expositiva, talvez eu o desestimulasse a aceitar essa posição. Se um cristão me procura e diz que um falso evangelho é ensinado consistentemente no púlpito de sua igreja, provavelmente eu o encorajarei a mudar de igreja.

Por que digo isso com tanta firmeza? Pela mesma razão que desestimularia alguém de ir a um restaurante onde não servem alimentos, mas somente figuras de alimentos. A Palavra de Deus, somente a Palavra de Deus, dá vida!

Capítulo 5

Pregação expositiva

Se uma igreja saudável é uma congregação que manifesta crescentemente o caráter de Deus, conforme ele é revelado em sua Palavra, a atitude mais óbvia que devemos usar para começarmos a edificar uma igreja saudável é exortarmos os cristãos a atentarem à Palavra de Deus. Ela é a fonte de toda a vida e saúde da igreja. A Palavra de Deus alimenta, desenvolve e preserva o entendimento da igreja quanto ao próprio evangelho.

Fundamentalmente, isso significa que tanto os pastores como os membros da igreja têm de se comprometer com a pregação expositiva. A pregação expositiva é o tipo de pregação que, em termos bem simples, *expõe* a Palavra de Deus. Ela toma determinada passagem da Escritura, explica-a e, em seguida, aplica o significado da passagem à vida da congregação. É o tipo de pregação mais adequado para determinar o que Deus diz ao seu povo, bem como àqueles que não fazem parte de seu povo. O compromisso com a pregação expositiva é um compromisso de ouvir a Palavra de Deus.

Há muitos outros tipos de pregação. A pregação tópica, por exemplo, considera um ou mais textos bíblicos que falam sobre um assunto específico, tais como a oração ou a contribuição. A pregação biográfica examina a vida de um personagem bíblico, retratando-o como uma manifestação da graça de Deus e um exemplo de esperança e fidelidade. Esses outros tipos de pregação podem ser usados com proveito em determinadas ocasiões. Contudo, uma dieta regular para a igreja consiste na explanação e aplicação de partes específicas da Palavra de Deus.

A prática da pregação expositiva presume a crença de que o que Deus afirma é determinante para o seu povo. Presume que esse povo *deve* e *precisa* ouvir as Escrituras, para que as igrejas não fiquem destituídas daquilo que Deus usa para moldar-nos conforme a sua imagem. Pressupõe que Deus tenciona que a igreja aprenda tanto do Antigo como do Novo Testamento, bem como de todo tipo de literatura bíblica — lei, história, sabedoria, profecia, evangelhos e epístolas. Um pregador que utiliza o método expositivo e ensina todos os livros da Bíblia, alternando regularmente entre ambos os Testamentos e os diferentes tipos de literatura bíblica, eu creio, é como uma mãe que serve ao seus filhos alimentos de todo os grupos de alimentos, e não somente aqueles dois ou três que eles preferem.

A autoridade de pregador expositivo começa e termina nas Escrituras. Assim como os profetas do Antigo e os profetas do Novo Testamento receberam uma comissão de ir e falar uma mensagem específica, assim também os pregadores cristãos de nossos dias têm autoridade somente quando falam a Palavra de Deus.

Alguém poderia afirmar alegremente que a Palavra de Deus é a autoridade final e inerrante. Contudo, se essa pessoa não prega de modo expositivo (intencionalmente ou não), ela nega a sua própria afirmação.

Às vezes, as pessoas confundem pregação expositiva com o estilo de um pregador expositivo específico que elas têm observado. No entanto, a pregação expositiva não é fundamentalmente uma questão de estilo. Conforme alguém observou, a pregação expositiva se refere não *à maneira como o pregador faz as suas afirmações, e sim à maneira como ele decide* o que dizer. O que determina o nosso conteúdo: as Escrituras ou qualquer outra coisa? A pregação expositiva não se caracteriza por uma forma específica de estilo. Os estilos são variáveis. Em vez disso, a pregação expositiva é caracterizada por um conteúdo bíblico.

Às vezes, as pessoas confundem a pregação expositiva com a leitura de um versículo e uma pregação sobre um assunto relacionado intimamente àquele versículo. Quando, porém, um pregador exorta a congregação sobre o assunto que ele mesmo escolheu, usando textos bíblicos somente para apoiar seu argumento, ele pregará somente o que já sabe. E a igreja aprenderá somente o que o pregador já sabe. A pregação expositiva requer mais do que isso. Ela exige atenção cuidadosa ao contexto da passagem, porque o seu alvo é tomar o principal ensino da passagem bíblica e torná-lo o principal ensino do sermão.

Se um pregador exorta a igreja pregando uma passagem bíblica em seu contexto — por meio de uma pregação cujo ensino principal da passagem é o ensino primordial do sermão —, tanto ele como a igreja acabarão ouvindo coisas de Deus que o pregador não tencionava dizer, quando a princípio se assentou para estudar e preparar o sermão. ("Na próxima semana, consideraremos Lucas 1 e o que Deus nos diz em Lucas 1. Na semana seguinte, examinaremos Lucas 2 e o que Deus nos diz ali. Na outra semana...")

Isso parece bastante lógico, quando pensamos a respeito de cada passo de nossa vida cristã, desde a nossa chamada inicial ao arrependimento até a mais recente obra de convicção realizada pelo Espírito. Cada passo que demos em nosso crescimento espiritual não resultou de ouvirmos a Deus de um modo bem particular, diferente da forma como O ouvimos antes.

O ministério de um pregador tem de ser caracterizado por esta forma prática de submissão à Palavra de Deus. Mas não se engane: a igreja tem a responsabilidade de assegurar-se de que seus pregadores sejam realmente assim. Em Mateus 18, assim como Paulo o fez em Gálatas 1, Jesus admitiu que as igrejas têm a responsabilidade final pelo que acontece nelas. Logo, uma igreja nuca deve entregar a supervisão espiritual do corpo a alguém que não demonstre um comprometimento prático de ouvir e ensinar a Palavra de Deus. Quando ela faz isso, obstrui seu próprio crescimento, garantindo que não amadurecerá além do nível de seu pastor. A igreja se conformará progressivamente à imagem do pastor, e não à imagem de Deus.

O povo de Deus sempre foi criado pela Palavra de Deus. Desde a Criação em Gênesis 1, à chamada de Abrão, em Gênesis 12; desde a visão do vale de ossos secos, em Ezequiel 37, à vinda da Palavra viva, Jesus Cristo — Deus sempre formou seu povo por meio de sua Palavra. Conforme Paulo disse aos crentes de Roma: "A fé vem pela pregação, e a pregação, pela palavra de Cristo" (Rm 10.17). Ou, como ele disse aos crentes de Corinto: "Visto como, na sabedoria de Deus, o mundo não o conheceu por sua própria sabedoria, aprouve a Deus salvar os que crêem pela loucura da pregação" (1Co 1.21).

A pregação expositiva correta é sempre um manancial de verdadeiro crescimento numa igreja. Martinho Lutero descobriu que atentar diligentemente à Palavra de Deus começou uma reforma. Também devemos comprometer-nos em cuidar para que nossas igrejas estejam sendo reformadas pela Palavra de Deus.

Em um seminário sobre puritanismo que ministrei numa igreja em Londres, ressaltei aos alunos que os sermões puritanos duravam, às vezes, duas horas. Um dos alunos, ofegando audivelmente, perguntou: "Que tempo eles deixavam para a adoração?" Evidentemente, esse aluno pensava que ouvir a Palavra de Deus não é adoração. Respondi que muitos dos protestantes ingleses dos séculos passados acreditavam que a parte mais importante do culto era *ouvir* a Palavra de Deus em sua própria língua (uma liberdade obtida pelo sangue de vários mártires) e *corresponder* a ela em nosso viver. Ter ou não tempo para cantar, embora não fosse totalmente insignificante, era algo de pouco interesse para eles.

Nossas igrejas também precisam resgatar a centralidade da Palavra de Deus na adoração. A música é uma resposta, exigida biblicamente, à Palavra de Deus. Mas a música que Deus nos deu, Ele não a deu para que sobre ela edifiquemos nossas igrejas. Uma igreja edificada sobre a música — de qualquer estilo — é uma igreja edificada sobre areia movediça.

Cristão, ore por seu pastor — para que ele se comprometa em estudar rigorosa, atenta e fervorosamente as Escrituras. Ore para que Deus o guie no entendimento da Palavra, aplique-a à sua própria vida e aplique-a com sabedoria à vida da igreja (ver Lc 24.27; At 6.4; Ef 6.19-20). Também proporcione ao seu pastor tempo, durante a semana, para preparar bons sermões. Pregar é o elemento fundamental do pastorado. Então, fale palavras de encorajamento ao seu pastor e diga-lhe como a fidelidade dele para com a Palavra tem feito você crescer na graça de Deus.

Pastor, ore por essas coisas em favor de si mesmo. Também ore por outras igrejas em sua vizinhança, cidade, nação e ao redor do mundo, a fim de que elas preguem e ensinem a Palavra de Deus. Finalmente, ore para que nossas igrejas se comprometam em ouvir a Palavra de Deus pregada de modo expositivo; assim, a agenda de cada igreja será moldada cada vez mais pela agenda de Deus expressa nas Escrituras. O compromisso com a pregação expositiva é uma marca essencial de uma igreja saudável.

Capítulo 6

Teologia bíblica

O que significam para você estas palavras em itálico: "Sabemos que, quando ele se manifestar, *seremos semelhantes a ele*, porque haveremos de vê-lo como ele é" (1Jo 3.2)?

Se você leu cuidadosamente toda a linha histórica bíblica apresentada no capítulo 3, talvez saiba que as palavras em itálico indicam como, no final dos tempos, a igreja refletirá o caráter santo e amável de Deus, sem a influência deturpadora do pecado.

Se você estivesse assentado em um templo dos mórmons, ouviria que as palavras "seremos semelhantes a ele" significam que nos tornaremos deuses!

Qual é a diferença entre essas duas interpretações? Uma se forma com base na teologia de toda a Bíblia; a outra não.

No capítulo anterior, dissemos que a pregação expositiva é essencial à saúde de uma igreja. Contudo, todo método, por melhor que seja, está aberto ao abuso. Nossas igrejas deveriam se interessar não somente com *a maneira como* ensinamos, mas também com *o que* ensinamos. Essa é a razão por que a segunda marca essencial de uma igreja saudável é a teologia bíblica exata, ou seja, uma teologia que é bíblica. Do contrário, interpretaremos versículos isolados dando-lhes o significado que desejarmos.

Exatidão é uma palavra antiquada. Todavia, devemos prezar a exatidão — exatidão em nosso entendimento do Deus da Bíblia e de seus caminhos para nós.

Paulo usou a palavra "sã" diversas vezes em suas cartas pastorais dirigidas a Tito e a Timóteo. Essa palavra significa "confiável", "exato", "fiel". Em sua raiz, ela é uma imagem extraída do mundo médico significando inteiro ou saudável. A teologia bíblica exata é uma teologia fiel ao ensino de toda a Bíblia. É confiável e interpreta com exatidão as partes em relação ao todo.

Em sua primeira carta dirigida a Timóteo, Paulo disse que a sã doutrina é a doutrina que se conforma ao evangelho e se opõe à impiedade e ao pecado (1Tm 1.10-11). Depois, ele contrastou as "falsas doutrinas" com "as sãs palavras de nosso Senhor Jesus Cristo e com o ensino segundo a piedade" (1Tm 6.3).

Em sua segunda carta dirigida a Timóteo, Paulo o exortou: "Mantém o padrão das *sãs* palavras que de mim ouviste com fé e com o amor que está em Cristo Jesus" (2Tm 1.13). Depois, ele advertiu Timóteo, dizendo: "Haverá tempo em que não suportarão a *sã* doutrina; pelo contrário, cercar-se-ão de mestres segundo as suas próprias cobiças, como que sentindo coceira nos ouvidos" (2Tm 4.3).

Quando Paulo escreveu a Tito, outro pastor jovem, compartilhou as mesmas preocupações. Paulo disse a Tito que cada homem instituído como presbítero da igreja tinha de ser apegado "à palavra fiel, que é segundo a doutrina, de modo que tenha poder tanto para exortar pelo *reto* ensino como para convencer os que o contradizem" (Tt 1.9). Os falsos ensinadores têm de ser repreendidos "severamente, para que sejam sadios na fé" (Tt 1.13). E, finalmente, Tito deveria falar "o que convém à sã doutrina" (Tt 2.1).

Os pastores devem ensinar a sã doutrina — a doutrina que é confiável, exata, fiel à Bíblia. E as igrejas são responsáveis por cuidarem que seus pastores se vejam como pessoas que prestarão contas pela sã doutrina.

Não podemos delinear neste livro o que constitui a sã doutrina, visto que isso exigiria de nós uma reprodução de toda a Bíblia. Mas, na prática, toda igreja decide em que assuntos as Escrituras exigem concordância plena, em que assuntos elas permitem discordância, em que assuntos elas permitem liberdade completa.

Na igreja em que sirvo, em Washington D. C., exigimos que todo membro creia na salvação tão-somente pela obra de Jesus Cristo. Também confessamos os mesmos (ou bem semelhantes) entendimentos sobre o batismo de crentes e a estrutura da igreja (ou seja, quem possui a palavra final nas decisões). Concordância quanto ao batismo e a estrutura da igreja não são essenciais à salvação, mas, no aspecto prático, são proveitosos e dão saúde a toda a vida da igreja.

Por outro lado, nossa igreja permite alguma discordância em assuntos que não são essenciais à salvação ou à vida prática da igreja. Todos concordam que Cristo voltará, mas há diversas opiniões sobre o momento exato de sua vinda. Finalmente, nossa igreja permite completa liberdade em assuntos menos centrais ou menos nítidos, tais como a legitimidade da resistência armada ou a questão relacionada ao autor da Epístola aos Hebreus.

Existe um princípio permeando tudo isso: quanto mais perto chegamos ao âmago de nossa fé, tanto mais unidade esperamos ter em nosso entendimento da fé — ou seja, unidade na sã doutrina bíblica. A igreja primitiva se expressou nestes termos: nas coisas essenciais, unidade; nas coisas não-essenciais, diversidade; em todas as coisas, amor.

Uma igreja comprometida com a sã doutrina se comprometerá a ensinar as doutrinas bíblicas que as igrejas freqüentemente negligenciam. Aos nossos olhos, certas doutrinas parecem difíceis ou mesmos causadoras de divisão. Apesar disso, cremos que Deus as incluiu em sua Palavra porque são fundamentais ao entendimento de sua obra na salvação.

O Espírito Santo não é tolo. Se Ele revelou algo em seu Livro, para que o mundo leia, as igrejas não devem pensar que são tão sábias, que fazem melhor evitando certos assuntos. Elas devem exercer sabedoria pastoral e cuidado quando falam sobre certas coisas? Sim. Devem evitar completamente essas coisas? Não. Se quisermos igrejas que são guiadas pela sã doutrina da Bíblia, temos de andar em harmonia com toda a Bíblia.

Por exemplo, a doutrina bíblica da eleição é evitada freqüentemente como uma doutrina complexa ou profunda demais. Embora isso seja verdade, essa doutrina é inegavelmente bíblica. Ainda que não entendamos tudo a respeito da eleição, o fato de que, em última análise, a nossa salvação procede de Deus e não de nós mesmos é deveras importante.

Há inúmeras questões importantes que a Bíblia responde. Todavia, as igrejas comumente negligenciam perguntas como:

- As pessoas são essencialmente boas ou más? Precisam apenas de encorajamento e auto-estima ou precisam de perdão e de uma vida nova?
- O que acontece quando alguém se torna cristão?

- Se somos cristãos, podemos ter certeza de que Deus continuará a cuidar de nós? Se isso é verdade, Deus continua a cuidar fundamentado em nossa fidelidade ou na sua própria fidelidade?

Todas essas perguntas não são apenas para teólogos que gostam de estudar ou jovens seminaristas. São importantes para cada cristão. Aqueles de nós que são pastores sabem quão diferentemente podemos pastorear nosso povo se mudarmos nossa resposta a qualquer dessas perguntas. Fidelidade às Escrituras exige que falemos sobre esses assuntos com clareza e autoridade, pois o nosso verdadeiro desejo é manifestar o caráter de Deus em toda a sua plenitude.

Considere: se desejamos igrejas que manifestem o caráter de Deus, não queremos saber tudo que Ele revelou a respeito de Si mesmo, na Bíblia? Se não o queremos, o que isso diz sobre a nossa opinião quanto ao caráter de Deus?

Nosso entendimento do que a Bíblia diz sobre Deus é crucial. O Deus da Bíblia é o Criador e Senhor. No entanto, algumas vezes sua soberania é negada, mesmo na igreja. Quando aqueles que se declaram cristãos resistem à idéia da soberania de Deus na criação e na salvação, eles estão realmente brincando com o paganismo religioso. Os verdadeiros cristãos têm perguntas sinceras sobre a soberania de Deus. Contudo, uma negação tenaz e contínua da soberania de Deus deve nos deixar preocupados. Batizar tal pessoa pode significar o batismo de um coração que, em vários aspectos, ainda permanece incrédulo. Admiti-la à membresia da igreja pode significar que a consideramos como se cresse em Deus, quando, de fato, ela não crê.

Essa resistência é perigosa em qualquer cristão, porém é muito mais perigosa no líder de uma igreja. Quando uma igreja designa um líder que duvida da soberania de Deus ou que não entende o ensino bíblico, essa igreja estabelece como seu exemplo uma pessoa que pode ser profundamente indisposta a confiar em Deus. E isso obstruirá o crescimento da igreja.

Hoje, a cultura materialista e norteada pelo mercado, que nos cerca, freqüentemente encoraja as igrejas a entenderem a obra do Espírito em termos de marketing e a tornarem a evangelização em anúncios. Deus é remodelado à imagem do homem. Em tais ocasiões, uma igreja saudável tem de ser bastante diligente em suplicar a Deus que seus líderes tenham uma compreensão bíblica e experiencial da soberania de Deus. Devem também rogar-Lhe que seus líderes permaneçam totalmente comprometidos com a sã doutrina em toda a sua glória bíblica. Uma igreja saudável é caracterizada por pregação expositiva e por teologia bíblica.

Capítulo 7

Um entendimento bíblico das boas-novas

É particularmente importante que as igrejas tenham uma teologia bíblica correta em uma área especial — o entendimento das boas-novas de Jesus Cristo, o evangelho. O evangelho é o âmago do cristianismo; por isso, deve estar no âmago de nossas igrejas.

Uma igreja saudável é uma igreja em que cada membro, novo ou velho, maduro ou imaturo, une-se ao redor das maravilhosas boas-novas de salvação por meio de Jesus Cristo.

Cada parte da Bíblia aponta para o evangelho ou para algum dos seus aspectos. Assim, a igreja se reúne semana após semana para ouvir o evangelho sendo contado mais uma vez. Um entendimento bíblico das boas-novas deve fundamentar cada sermão, cada batismo e ceia, cada canção, cada oração, cada conversa.

Mais do que qualquer outra coisa na vida da igreja, os membros de uma igreja saudável oram e anelam por um conhecimento mais profundo deste evangelho.

Por quê? Por que a esperança do evangelho é a esperança de conhecer a glória de Deus na face de Cristo (2Co 4.4-6). É a esperança de ver a Cristo e conhecê-Lo plenamente, assim como somos conhecidos (1Co 13.8). É a esperança de tornar-nos semelhantes a Ele, quando O virmos tal como Ele é (1Jo 3.2).

O evangelho não é o anúncio de que tudo está bem conosco, nem de que Deus é amor, nem de que Jesus quer ser nosso amigo. O evangelho não é a mensagem de que Deus tem um plano e um propósito maravilhosos para nós. Como falei amplamente no capítulo 1, o evangelho é as boas-novas de que Jesus morreu na cruz como um sacrifício vicário, em favor dos pecadores, e ressuscitou, estabelecendo o meio de sermos reconciliados com Deus. É a mensagem de que o Juiz se torna Pai, se tão-somente nos arrependermos e crermos. (Retorne ao capítulo 1 para obter uma explicação mais ampla.)

Eis os quatro assuntos que tento lembrar quando compartilho o evangelho, em particular ou em público: (1) Deus, (2) homem, (3) Cristo e (4) resposta. Em outras palavras:

- Eu expliquei que Deus é nosso santo e soberano Criador?

- Deixei claro que nós, humanos, somos uma mistura esquisita, feitos de um modo maravilhoso à imagem de Deus, mas horrivelmente caídos, pecaminosos e alienados dEle?
- Expliquei quem é Jesus e o que Ele fez — ou seja, que Ele é o Deus-Homem, que permanece de modo exclusivo entre Deus e o homem como substituto e Senhor ressurreto?
- E, finalmente, ainda que eu tenha compartilhado tudo isso, afirmei com clareza que a pessoa tem de responder ao evangelho e crer nesta mensagem, convertendo-se de sua vida de egocentrismo e pecado?

Às vezes, é tentador apresentar alguns dos benefícios do evangelho *como* se estes fossem o próprio evangelho. E esses benefícios tendem a ser coisas que os não-cristãos naturalmente desejam, como alegria, paz, felicidade, satisfação, auto-estima ou amor. Todavia, apresentar essas coisas *como* se fossem o próprio evangelho é apresentar uma verdade parcial. E, conforme disse J. I. Packer, "uma meia-verdade que se mascara como se fosse a verdade inteira torna-se uma mentira completa".[2]

---

2. J. I. Packer, O "antigo" evangelho: um desafio para redescobrir o evangelho bíblico – ensaio introdutório ao livro de John Owen, *The Death of Death in the Death of Christ* (São José dos Campos: Fiel, 1992), p. 3.

Fundamentalmente, não precisamos apenas de alegria, paz ou propósito. Precisamos do próprio Deus. Visto que somos pecadores condenados, precisamos de perdão, antes de tudo. Precisamos receber vida espiritual. Quando apresentamos o evangelho de um modo menos radical, buscamos apenas falsas conversões e o aumento do número de membros de igreja que não entendem o significado da vida cristã; e ambas essas coisas tornam mais difícil a evangelização do mundo ao nosso redor.

Quando uma igreja é saudável, e seus membros conhecem e valorizam o evangelho acima de todas as outras coisas, eles desejam compartilhá-lo, cada vez mais, com o mundo. George W. Truett, um grande líder cristão da geração passada e pastor da Primeira Igreja Batista em Dallas, Texas, disse:

> A suprema acusação que você pode trazer contra uma igreja... é que ela não tem paixão nem compaixão pelas almas humanas. Uma igreja é nada mais do que um clube ético, se não transborda seu amor para com as almas perdidas e não sai para levá-las ao conhecimento de Jesus Cristo.[3]

---

3. George W. Truett, *A quest for souls* (New York: Harper & Brothers, 1917), p. 67.

Hoje, os membros de nossas igrejas gastam mais tempo com os não-cristãos em seus lares, escritórios e vizinhança do que com os outros cristãos nos domingos. Evangelizar não é algo que fazemos principalmente por convidar alguém a vir à nossa igreja. Cada um de nós tem as notícias tremendas da salvação em Cristo. Não as troquemos por qualquer outra coisa. Devemos compartilhá-las hoje mesmo.

Uma igreja saudável conhece o evangelho e compartilha-o.

Breves Conselhos
Como achar uma igreja saudável?

1. Ore.
2. Busque o conselho de um pastor piedoso (ou de presbíteros piedosos).
3. Mantenha firme suas prioridades:
   a) O evangelho tem de ser verdadeiramente afirmado, pregado com clareza e vivenciado com fidelidade. Uma falha séria em qualquer dessas expressões do evangelho é bastante perigosa.
   b) A pregação tem de ser fiel às Escrituras, pessoalmente desafiadora e central à vida da congregação. Você só crescerá em sua vida espiritual onde as Escrituras são tratadas como a autoridade suprema.

c) É muito importante considerar como a igreja estabelece as diretrizes para o batismo, a ceia do Senhor, o tornar-se membro, a disciplina eclesiástica e quem possui a palavra final nas decisões.
d) Em resumo, leia os capítulos 5 a 13 deste livro!

4. Faça um diagnóstico de si mesmo utilizando estas perguntas:
   a) Eu gostaria de achar uma esposa que foi criada sob o ensino desta igreja?
   b) Que retrato do cristianismo meus filhos verão nesta igreja — algo distinto ou bem semelhante ao mundo?
   c) Eu ficaria contente em convidar os não-cristãos a vir a esta igreja? Ou seja, eles ouviriam com clareza o evangelho e perceberiam aqui vidas que correspondem ao evangelho? A igreja ama receber bem e alcançar os não-cristãos?
   d) Esta é uma igreja que eu pastorearia e serviria?

5. Considere a situação geográfica. A proximidade física da igreja em relação à sua casa estimula ou desestimula o envolvimento e a participação freqüente? Se você está mudando de lugar, procure localizar uma boa igreja antes de comprar uma casa.

Parte 3

Marcas importantes de uma igreja saudável

Visto que todas as marcas delineadas neste livro são bíblicas, são também indispensáveis às igrejas de Cristo. No entanto, a distinção entre as marcas *essenciais* e as marcas *importantes* nos recorda que a santificação — na vida da igreja e na vida do indivíduo — ocorre progressivamente. Assim como Deus nos chama a exercer paciência em criarmos nossos filhos, Ele também nos chama a fazer o mesmo em relação às nossas igrejas.

As marcas que identifico como *importantes* são realmente importantes, pelo menos, quando consideradas de maneira individual, embora sua ausência não torne necessário que deixemos a igreja (mas talvez seja sábio fazer isso). Pelo contrário, igrejas que não possuem essas marcas podem ser lugares em que oramos, demonstramos paciência e estabelecemos um bom exemplo por meio de nosso viver.

Se um pastor me perguntasse quanto tempo ele deveria tolerar uma estrutura de liderança não bíblica; ou se um cristão me perguntasse quanto tempo ele deveria ignorar uma falha da igreja em praticar a disciplina eclesiástica; ou se um diácono me perguntasse quanto tempo ele deveria suportar membros que desempenham seu papel de modo altamente impróprio, eu o encorajaria a ser paciente, orar, ser um bom exemplo, amar e esperar. O crescimento ocorre gradualmente. A igreja é um povo — um povo chamado a perdoar, encorajar, servir e, em determinadas ocasiões, desafiar com simpatia. E, acima de tudo, é chamado a amar.

Assim como não há cristãos perfeitos nesta vida, também não há igrejas perfeitas. Até as melhores igrejas ficam muito aquém do ideal. Nem o governo correto, nem a pregação ousada, nem a contribuição sacrificial, nem a doutrina ortodoxa pode garantir que uma igreja florescerá. Entretanto, qualquer igreja pode ser mais saudável do que ela é no presente. Nesta vida, nunca experimentamos a vitória completa sobre o pecado. Porém, como filhos de Deus, jamais desistimos da luta. As igrejas também não devem desistir. Os cristãos, especialmente os pastores e líderes de igreja, devem anelar e se empenhar por igrejas mais saudáveis.

Capítulo 8

Um entendimento bíblico da conversão

Em 1878, quando houve a primeira reunião da igreja que pastoreio, os membros adotaram uma declaração de fé. Era uma versão reforçada da Confissão de Fé de New Hampshire de 1833. A linguagem talvez não seja fácil, mas tente assimilá-la. Eis o Artigo VIII desta declaração:

> Cremos que o arrependimento e a fé são deveres sagrados e graça inseparáveis, operadas em nossa alma pelo regenerador Espírito de Deus. Sendo por Ele profundamente convencidos de nossa culpa, perigo e incapacidade, bem como do caminho de salvação por meio de Cristo, nos convertemos a Deus com contrição sincera, confissão e súplica por misericórdia. Ao mesmo

tempo, recebemos de coração o Senhor Jesus Cristo como Profeta, Sacerdote e Rei, confiando somente nEle como nosso único e todo-suficiente Salvador.

Nem todos escrevem desta maneira. Mas as verdades bíblicas não mudaram. Uma igreja saudável é caracterizada por um entendimento bíblico da conversão.

A Confissão de Fé começa com a chamada bíblica ao arrependimento e à fé. Como Jesus ordenou no início de seu ministério: "Arrependei-vos e crede no evangelho" (Mc 1.15). Em termos bem simples, a conversão equivale ao arrependimento e à fé.

A Confissão continua e provê uma descrição melhor do que são a fé e o arrependimento. Ela diz que "nos convertemos" de nosso pecado para Deus, "recebemos" a Cristo e confiamos somente nEle como nosso único e todo-suficiente Salvador. O Novo Testamento está repleto de relatos de pecadores que deixaram seu pecado, receberam a Cristo e confiaram nEle. Pense em Levi, o coletor de impostos, que deixou seu trabalho para seguir a Cristo. Ou pense na mulher à beira do poço. Ou no centurião romano. Ou em Pedro, Tiago e João. Ou em Saulo, o perseguidor da igreja, que depois se tornou Paulo, o apóstolo dos gentios. A lista é extensa. Cada um deles se converte, confia e segue. Isso é conversão.

A conversão não é recitar um credo. Não é fazer uma oração. Não é um diálogo. Não é tornar-se um ocidental.

Não é alcançar certa idade, assistir uma aula ou passar por algum ritual de maturidade. Não é uma jornada em que todos estão dispersos em diferentes pontos ao longo do caminho. Antes, a conversão é tornar-nos, com toda a nossa vida, da auto-justificação para a justificação de Cristo, do domínio do "ego" para o governo de Deus, da adoração aos ídolos para a adoração a Deus.

Observe o que a declaração diz sobre a nossa conversão. Ela acontece por que fomos "profundamente convencidos de nossa culpa, perigo e incapacidade, bem como do caminho de salvação por meio de Cristo". Como isso acontece? Quem nos convence? Isso é operado "em nossa alma pelo regenerador Espírito de Deus". A Confissão de Fé cita duas passagens bíblicas para apoiar essa idéia:

> Ouvindo eles estas coisas, apaziguaram-se e glorificaram a Deus, dizendo: Logo, também aos gentios foi por Deus concedido o arrependimento para vida (At 11.18).

> Pela graça sois salvos, mediante a fé; e isto não vem de vós; é dom de Deus (Ef 2.8).

Se entendemos a conversão como algo que fizemos, à parte do que Deus fez em nós, nós a compreendemos erroneamente.

Com certeza, a conversão inclui nossa ação, como já falamos. Todavia, a conversão é mais do que isso. As Escrituras ensinam que nosso coração tem de ser substituído, nossa mente transformada, nosso espírito vivificado. Não podemos fazer nada disso. A mudança que todo ser humano necessita é tão radical, tão profunda em nosso ser, que somente Deus pode realizá-la. Ele nos criou no princípio. Por isso, Ele tem de nos tornar novas criaturas. Deus foi responsável por nosso nascimento natural. De modo semelhante, Ele precisa nos dar um novo nascimento. Precisamos que Deus nos converta.

Charles Spurgeon, pregador do século XIX, contou certa vez a história de que, enquanto caminhava por uma das ruas de Londres, um bêbado se aproximou dele, encostou-se ao poste e disse: "Olá, senhor Spurgeon, eu sou um de seus convertidos!"

Spurgeon respondeu: "Você deve ser um dos meus convertidos, mas, com certeza, não é um dos convertidos do Senhor!"

Quando uma igreja entende erroneamente o ensino bíblico sobre a conversão, ela pode se encher de pessoas que fizeram declarações sinceras em um momento de sua vida, mas não experimentaram a mudança radical que a Bíblia apresenta como conversão.

A verdadeira conversão pode ou não envolver uma experiência emocionalmente intensa. Contudo, ela se *evidenciará* em seus frutos. Os convertidos dão evidência de mudança — despojando-se do velho e revestindo-se do novo? Os membros se mostram interessados em guerrear contra o seu pecado, mesmo quando continuam a tropeçar? Demonstram um novo interesse em desfrutar da comunhão dos cristãos e, talvez, novos motivos em gastar tempo com os não-cristãos? Nas provações e desafios, estão começando a reagir de maneira diferente de como o faziam quando não eram cristãos?

Um entendimento correto da conversão se manifestará não somente nos sermões, mas também nas exigências da igreja referentes ao batismo e à ceia do Senhor. O cuidado será exercido. Os pastores não serão pressionados a batizar pessoas apressadamente, sem a devida avaliação.

Um entendimento correto da conversão se expressará nas expectativas da igreja quanto aos novos membros. A admissão não será imediata. Talvez a igreja ofereça uma classe de novos membros. Um testemunho será exigido, bem como uma explicação do evangelho por parte do membro em perspectiva.

Um entendimento correto da conversão se evidenciará na disposição da igreja para ver o pecado com seriedade. Responsabilidade, encorajamento e repreensão ocasional serão comuns, não extraordinários. E a igreja praticará a disciplina eclesiástica, conforme consideraremos no capítulo 12.

Entender o que Bíblia ensina sobre a conversão é uma das marcas importantes de uma igreja saudável.

Capítulo 9

Um entendimento bíblico da evangelização

Até aqui temos descrito igrejas saudáveis como igrejas caracterizadas por pregação expositiva, teologia bíblica e um entendimento bíblico do evangelho e da conversão. Isso significa que, se as igrejas não ensinam a Bíblia ou a sã doutrina, elas se tornaram doentes.

O que é uma igreja doente? É uma igreja em que os sermões retornam freqüentemente a clichês e repetições. E, pior do que isso, elas se tornam moralistas e centralizadas no homem, e o evangelho é remodelado em pouco mais do que uma mensagem espiritual de "auto-ajuda". A conversão é vista como um ato da decisão humana. Em diferentes aspectos, de mal a pior, a cultura da igreja é indistinguível da cultura secular que a circunda.

Igrejas assim não proclamam as admiráveis boas-novas de salvação em Jesus Cristo.

Agora, quando abordaremos outra marca importante de uma igreja saudável — um entendimento bíblico da evangelização —, é importante considerarmos o quanto a nossa opinião sobre esta marca será influenciada pela nossa compreensão das marcas anteriores (aquelas que são *essências* ou *importantes*), especialmente a conversão.

Por outro lado, se a nossa mente tem sido transformada pelo que a Bíblia ensina a respeito de Deus e da sua obra, bem como pelo que ela ensina sobre o evangelho e a necessidade essencial dos seres humanos, teremos um entendimento correto da evangelização. Tentaremos estimular a evangelização principalmente por meio do ensino e da meditação no próprio evangelho, e não por meio de aprendermos métodos de compartilhá-lo.

Sempre me sinto animado pela maneira como os novos cristãos parecem ter uma conscientização inata da natureza graciosa de sua salvação. Você talvez tenha ouvido, em meses recentes, testemunhos de pessoas que confessaram como a salvação é a obra de Deus (Ef 2.8-9). "Eu estava completamente perdido no pecado, mas Deus..."

Por outro lado, se em nossas igrejas deixamos de lado o que a Bíblia diz a respeito da obra de Deus na conversão, a evangelização se torna uma obra nossa em que fazemos o que for possível para conseguir uma confissão verbal. Uma evidência de que uma igreja pode não ter um entendimento bíblico da conversão e da evangelização é esta: o número de membros é bem maior do que o número dos que participam dos cultos. Essa igreja deveria parar e perguntar por que sua evangelização produz tão grande número de membros que ela nunca vê e, apesar disso, sentem-se seguros de sua salvação. O que lhes ensinamos sobre o significado do discipulado em Cristo? O que lhes falamos sobre Deus, o pecado e o mundo?

É crucial que todos os membros da igreja (especialmente os pastores e líderes que são responsáveis pelo ensino) tenham um entendimento bíblico da evangelização.

De acordo com as Escrituras, os cristãos são chamados a cuidar, exortar e persuadir os não-cristãos (2Co 5.11). Mas devemos fazer isso por meio da plena "manifestação da verdade", que significa rejeitar "as coisas que, por vergonhosas, se ocultam" (2Co 4.2).

Em outras palavras, a evangelização não é fazer tudo que pudermos para que uma pessoa tome uma decisão a favor de Cristo; também não é impor aos outros nossas opiniões. Tentar forçar um nascimento espiritual será tão ineficaz como se Ezequiel houvesse tentado juntar os ossos de cadáveres para fazer uma pessoa (Ez 37), ou como se Nicodemos tentasse dar a si mesmo um novo nascimento no Espírito (Jo 3).

Além disso, a evangelização não é o mesmo que dar um testemunho pessoal de fé ou apresentar uma defesa racional da fé. Tampouco é realizar obras de caridade, embora esses três assuntos possam acompanhar a evangelização. Também não deve ser confundido com os seus resultados, como se disséssemos que só evangelizamos com eficácia quando há conversões.

Não, a evangelização é proferir palavras. É compartilhar as boas-novas. É sermos fiéis a Deus ao apresentarmos as boas-novas que discutimos no capítulo 8 — as boas-novas de que Cristo, por meio de sua morte e ressurreição, estabeleceu o meio pelo qual um Deus santo e um povo pecador podem ser reconciliados. Deus produz verdadeiras conversões quando apresentamos essas boas-novas (Jo 1.13; At 18-9-10). Em resumo, evangelização é apresentar espontaneamente as boas-novas e confiar que Deus converterá as pessoas (ver At 16.14). "Ao SENHOR pertence a salvação!" (Jo 2.9; cf. Jo 1.12-13).

Quando eu evangelizo, tento comunicar três fatos sobre a decisão que deve ser feita em resposta à mensagem do evangelho:

- A decisão tem um preço. Por isso, deve ser considerada com atenção (ver Lc 9.62).
- A decisão é urgente. Por isso, deve ser tomada logo (ver Lc 12.20).
- É uma decisão que vale a pena ser tomada. Por isso, você deve tomá-la (ver Jo 10.10).

Esta é a mensagem que precisamos transmitir pessoalmente aos familiares e amigos. É a mensagem que devemos transmitir juntos, como igreja.

Há alguns livros excelentes sobre a evangelização. Para que você considere a conexão íntima entre nosso entendimento do evangelho e os métodos evangelísticos que usamos, recomendo-lhe os seguintes livros: *Tell the Truth*, escrito por Will Metzger (Inter-Varsity Press), *O Sistema de Apelo* e *Revival and Revivalism*, escritos por Iain Murray (PES e Banner of Truth Trust) assim como, de minha autoria, *O Evangelho e a evangelização pessoal* (Editora Fiel - prelo).

Mais uma marca importante de uma igreja saudável é o entendimento e a prática bíblica da evangelização. O único crescimento verdadeiro é o crescimento que vem de Deus, por meio de seu povo.

Capítulo 10

Um entendimento bíblico da membresia

Ser membro de uma igreja é uma idéia bíblica? Em um sentido, não. Abra o Novo Testamento e ali você não achará uma história de Áquila e Priscila mudando-se para Roma, examinando uma igreja, depois outra e, por fim, decidindo unir-se a uma terceira. Do que podemos dizer, ninguém saía examinando as igrejas, porque havia uma única igreja em cada comunidade. Nesse sentido, você não acha uma lista de membros de igreja no Novo Testamento.

Mas parece que as igrejas do Novo Testamento guardavam listas de pessoas, como as listas das viúvas que eram sustentadas pelas igrejas (1Tm 5). Ainda mais importante: algumas passagens do Novo Testamento sugerem que as igrejas tinham realmente alguma maneira de delinear seus membros. Sabiam quem pertencia à sua membresia e quem não pertencia.

Por exemplo, em uma ocasião, um homem da igreja de Corinto estava vivendo em imoralidade que não acontecia "nem mesmo entre os gentios" (1Co 5.1). Paulo escreveu àqueles crentes e lhes exortou que excluíssem tal homem de sua assembléia. Ora, pare e pense sobre isso. Não se pode *excluir* formalmente alguém, se antes ele não estiver formalmente *incluído*.

Parece que Paulo se referiu a esse mesmo homem na carta posterior dirigida àqueles crentes, ao mencionar "a punição pela maioria" (2Co 2.6). Pare e pense novamente. Você só pode ter "maioria" se existe um grupo definido de pessoas e, neste caso, um grupo definido de membresia.

Paulo se preocupava com os que "estavam dentro" e com os que "estavam fora". Ele se preocupava porque o próprio Senhor Jesus dera às igrejas a autoridade para estabelecerem uma linha — da melhor forma que pudessem — ao redor de si mesmas, para distinguirem-se do mundo.

> "Em verdade vos digo que tudo o que ligardes na terra terá sido ligado nos céus, e tudo o que desligardes na terra terá sido desligado nos céus" (Mt 18.18; ver também 16.19; Jo 20.23).

Já dissemos que igrejas saudáveis são congregações que refletem crescentemente o caráter de Deus. Por isso, desejamos que nossos registros terreais se aproximem, tanto quanto possível, dos registros celestiais — aqueles nomes gravados no livro da vida do Cordeiro (Fp 4.3; Ap 21.27).

Uma igreja saudável anela receber e admitir pessoas que professem fé, como instruíram os autores do Novo Testamento. Ou seja, ela anela ter um entendimento bíblico da membresia.

Um templo possui tijolos. Um rebanho, ovelhas. Uma vinha, ramos. E um corpo, membros. Em um sentido, ser membro da igreja começa quando Cristo nos salva e nos torna membros de seu corpo. Contudo, essa obra tem de expressar-se em uma igreja local. Nesse sentido, a membresia de igreja começa quando nos comprometemos com um corpo específico. Ser um cristão significa estar unido a uma igreja.

As Escrituras nos instruem a reunir-nos regularmente, para que nos regozijemos em nossa esperança comum e nos estimulemos mutuamente ao amor e às boas obras (Hb 10.23-25). A membresia de igreja não é apenas um formulário que preenchemos. Não é um sentimento. Não é uma demonstração de afeição por um lugar familiar. Não é uma expressão de lealdade ou deslealdade para com os pais. Deve ser o reflexo de um compromisso vivo. Se não é isso, a membresia eclesiástica é indigna. De fato, é pior do que indigna; é perigosa, conforme veremos em seguida.

A prática da membresia eclesiástica entre os cristãos ocorre quando eles se ligam uns aos outros em responsabilidade e amor.

Por nos identificarmos com uma igreja local específica, estamos dizendo aos pastores da igreja e aos demais membros não somente que nos comprometemos com eles, mas também que nos comprometemos com eles para reunir-nos, orar, contribuir e servir. Estamos lhes dizendo que esperem certas coisas de nós e nos tenham como responsáveis, se não os acompanharmos adequadamente. Unir-se a uma igreja é um ato em que dizemos: "Agora, vocês são responsáveis por mim, e sou responsável por vocês". (Sim, isso é contrario à nossa cultura; e, ainda mais, é contrário à nossa natureza pecaminosa.)

A membresia bíblica implica assumir responsabilidade. Resulta de nossas obrigações delineadas em todas as passagens bíblicas que expressam *mutualidade* — amar uns aos outros, servir uns aos outros, encorajar uns aos outros. Todos esses mandamentos devem estar sumariados no pacto de uma igreja saudável (ver apêndice).

Assimilar corretamente as três últimas marcas nos ajudará a entender de modo apropriado esta marca. Quanto mais os cristãos valorizam o evangelho, quanto mais entendem a conversão como uma obra de Deus e evangelizam ao ensinarem os "interessados" a considerarem o preço de seguir a Jesus, tanto mais eles crescerão no reconhecimento de suas responsabilidades mútuas; tanto menos considerarão a igreja como um compromisso ao qual você vem como lhe agrada e obtém o que puder ou como mais uma loja em que você pode pesquisar, no mercado ou shopping cristão; e tanto mais eles verão a si mesmos como um corpo em que todas as partes cuidam umas das outras — o lar em que vivem.

Infelizmente, não é incomum acharmos uma grande lacuna entre o número de pessoas que integram oficialmente o rol de membros e o número de pessoas que freqüentam os cultos regularmente. Imagine uma igreja de 3.000 membros que tem uma freqüência regular de 600 membros. Penso que muitos pastores em nossos dias se orgulham da suposta quantidade de membros e pouco se entristecem com o grande número de membros que não vêm aos cultos. De acordo com um estudo recente, uma igreja batista típica da Convenção Batista do Sul dos Estados Unidos possui 233 membros, e somente 70 destes freqüentam-na aos domingos de manhã.

E a contribuição financeira está em melhores condições? Que igrejas têm orçamentos que se equiparam — ou excedem — aos 10% das rendas anuais conjugadas de seus membros.

As limitações físicas podem impedir a freqüência, e os fardos financeiros, obstruir a contribuição. Contudo, alguém pode questionar se as igrejas não estão fazendo ídolos dos números. Os resultados numéricos podem ser idolatrados de modo semelhante a figuras esculpidas — talvez mais facilmente. Creio, porém, que Deus avaliará nossa vida e julgará nossa obra não levando em conta os números.

Por que é tão perigosa a atitude da não freqüentar as reuniões da igreja e esquivar-se das responsabilidades de membresia? Membros que não se envolvem, confundem tanto os verdadeiros membros como os não-cristãos quanto ao que significa ser um cristão. E os membros ativos não trazem qualquer benefício aos membros inativos quando permitem que permaneçam como membros, visto que ser membro é a sanção corporativa da igreja quanto à salvação de uma pessoa. Você assimilou isso? Ao chamar alguém de membro de sua igreja, você está dizendo que ele tem a aprovação de sua igreja quanto ao fato de que é um verdadeiro cristão.

Portanto, se uma congregação não tem visto um de seus membros por vários meses, talvez anos, como ela pode testemunhar que ele está correndo com fidelidade a carreira cristã? Se um membro tem estado ausente e não se uniu a outra igreja genuinamente evangélica, como podemos saber se ele era realmente um dos nossos (ver 1Jo 2.19)? Não sabemos necessariamente se pessoas que não se envolvem com a igreja não são cristãos, mas não podemos afirmar que elas são. Não temos de dizer à pessoa: "Sabemos que você está indo para o inferno". Devemos apenas dizer: "Não podemos mais expressar nossa confiança de que você está indo para o Céu". Quando uma pessoa está sempre ausente, a sanção da igreja é, no melhor, insensata e, no pior, desonesta.

Uma igreja que pratica a disciplina bíblica não exige perfeição de seus membros; requer humildade e honestidade. Não os chama a tomarem decisões triviais, e sim a se envolverem no verdadeiro discipulado. Não despreza a importância das experiências do membro com Deus, mas tampouco fomenta pensamentos exagerados sobre aqueles que ainda são indivíduos imperfeitos. Essa é a razão por que o Novo Testamento apresenta um papel de afirmação corporativa para aqueles que fazem parte da aliança com Deus e uns com os outros.

Espero que as estatísticas de membresia das igrejas se tornem mais e mais significativas, de modo que os membros *nominais* se tornem membros *de fato*. Isso implica remover, de tempos em tempos, nomes do rol de membros (embora o façamos com pesar). Muitas vezes, isso significa ensinar aos novos membros os propósitos de Deus para a igreja e lembrar, constantemente, aos que já eram membros, o seu compromisso com a vida da igreja. Em minha própria igreja, fazemos isso de diversas maneiras, desde a classe de membros até à leitura do pacto da igreja cada vez que recebemos a ceia do Senhor.

À medida que nossa igreja cresce em saúde, o número de pessoas nos domingos de manhã excede ao número de nomes alistados oficialmente em nosso rol de membros. Com certeza, esse deveria ser o seu desejo para a sua igreja.

Não expressamos amor às pessoas se lhes permitimos que se tornem membros de nossas igrejas por motivos sentimentais. Nós lhes demonstramos amor ao encorajá-las a unirem-se a outra igreja em que podem amar e ser amadas semanalmente ou mesmo diariamente. No pacto de compromisso de minha igreja, prometemos: "Quando mudarmos deste local, tão logo quanto possível, nos uniremos a outra igreja onde possamos cumprir o espírito deste pacto e os princípios da Palavra de Deus". Esse compromisso é parte do discipulado saudável, especialmente em nossa época transitória.

A redescoberta da prática cuidadosa de uma membresia eclesiástica terá muitos benefícios. Deixará mais evidente aos não-cristãos o testemunho de nossas igrejas. Fará com que seja mais difícil às ovelhas fracas afastarem-se do rebanho e continuarem identificando-se como ovelhas. Contribuirá para que nos concentremos e nos preparemos para atender ao discipulado de cristãos mais maduros. Ajudará os líderes das igrejas a saberem exatamente por quem eles são responsáveis. Em tudo isso, Deus será glorificado.

Ore para que o ser membro de igreja tenha mais significado do que tem agora. Assim, poderemos saber melhor por quem devemos orar, a quem encorajar e desafiar na fé. Ser membro de igreja significa estar integrado, de modo prático, ao corpo de Cristo. Significa viajarmos juntos como peregrinos e forasteiros, neste mundo, em direção ao lar celestial. Obviamente, outra marca de uma igreja saudável é um entendimento bíblico da membresia da igreja.

Capítulo 11

Disciplina bíblica na igreja

A disciplina eclesiástica bíblica segue imediatamente o entendimento bíblico da membresia de igreja. A *membresia* estabelece uma fronteira ao redor da igreja, separando-a do mundo. A disciplina contribui para que a igreja que vive dentro dessa fronteira permaneça fiel àquelas coisas que, em primeiro lugar, são a causa do estabelecimento da linha de separação. Dá significado à membresia da igreja; além disso, é outra marca importante de uma igreja saudável.

O que é exatamente a disciplina eclesiástica? No sentido mais restrito, é o ato de excluir da membresia e da comunhão na ceia do Senhor alguém que confessa ser um cristão e está envolvido em pecado grave e pertinaz — pecado que ele recusa abandonar.

A fim de entendermos a disciplina eclesiástica, é proveitoso recordarmos o que falamos no capítulo 3 sobre os propósitos de

Deus em criar o universo, a humanidade, Israel e a igreja. Deus criou o universo para manifestar a sua glória. Depois, Ele criou a humanidade visando a esse mesmo propósito, especialmente por criar-nos à sua imagem (Gn 1.27). A humanidade — Adão e Eva — não manifestou a glória de Deus; por isso, eles foram excluídos do jardim.

Então, Deus chamou Israel a manifestar a sua glória, especialmente por demonstrar às nações a santidade e o caráter dEle revelados em sua lei (ver Lv 19.2; Pv 24.1, 25). A lei era o fundamento para corrigir e excluir pessoas da comunidade de Israel (como vemos em Nm 15.30-31). Em última análise, a lei foi o motivo por que Deus expulsou Israel da sua terra.

Finalmente, Deus criou a igreja, como dissemos, para que ela refletisse crescentemente o caráter de Deus, conforme ele é revelado em sua Palavra. Em harmonia com toda a linha histórica da Bíblia, a disciplina eclesiástica é o ato de excluir um indivíduo que, negligentemente, traz má reputação ao evangelho e não mostra qualquer compromisso em agir de outra maneira. A disciplina ajuda a igreja a refletir com fidelidade o glorioso caráter de Deus. Ajuda-a a permanecer santa. É uma tentativa de polir o espelho e remover qualquer mancha (ver 2Co 6.14-7.1; 13.2; 1Tm 6.3-5; 2Tm 3.1-5). Por que devemos praticar a disciplina? Para que o caráter santo e amoroso de Deus apareça com mais clareza e resplandeça com mais intensidade.

Como se realiza o processo de disciplina? Visto que as circunstâncias do pecado variam tremendamente, temos necessidade de sabedoria pastoral diversificada para discernirmos como tratar cada situação.

As palavras de Jesus, registradas em Mateus 18 nos fornecem os limites gerais (vv. 15-17). Começam com a instrução de falarmos em particular com o irmão ou a irmã que pecou. Se o pecador se arrepende, o processo de disciplina termina. Se não, devemos procurá-lo novamente acompanhados de outro cristão. Se ele ou ela não se arrepender, então, como Jesus o expressou: "Dize-o à igreja; e, se recusar ouvir também a igreja, considera-o como gentio e publicano" (Mt 18.17), ou seja, uma pessoa que não pertence à igreja.

Essa idéia talvez pareça severa para muitos em nossos dias. Ora, Jesus não proibiu seus discípulos de julgarem os outros? Em um sentido, Ele realmente proibiu: "Não julgueis, para que não sejais julgados" (Mt 7.1). Contudo, no mesmo evangelho, Jesus exortou as igrejas a repreenderem — publicamente — seus membros por causa de pecado (Mt 18-15-17; cf. Lc 17.3). Portanto, as palavras de Jesus, "não julgueis", não pretendiam excluir tudo que pode hoje ser chamado de "julgar".

Deus mesmo é um juiz. Ele julgou Adão no jardim. No Antigo Testamento, ele julgou tanto nações como indivíduos. No Novo Testamento, Ele promete que os cristãos serão julgados de acordo com suas obras (ver 1Co 3). E promete que, no último dia, Ele se revelará como juiz de toda a humanidade (ver Ap 20).

Deus nunca erra em seu julgamento. Ele está sempre certo (ver Js 7; Mt 23; Lc 2; At 5; Rm 9). Às vezes, os propósitos de Deus no julgamento são corretivos e restauradores, como acontece quando Ele disciplina os seus filhos. Às vezes, seus propósitos são retribuidores e vingadores, como acontece quando Ele derrama sua ira sobre os ímpios (ver Hb 12). De qualquer maneira, o juízo de Deus é sempre justo.

O que surpreende muitas pessoas em nossos dias é o fato de que, às vezes, Deus usa seres humanos para realizar o seu julgamento. O Estado tem a responsabilidade de julgar os seus cidadãos (ver Rm 13). Os cristãos são instruídos a julgarem a si mesmos (ver 1Co 11.28; Hb 4; 2Pe 1.5). As congregações são aconselhadas a julgar ocasionalmente os membros da igreja — embora não da maneira final como Deus julga.

Em Mateus 18, 1 Coríntios 5-6 e outras passagens bíblicas, a igreja é instruída a exercer julgamento dentro de si mesma. Esse julgamento tem propósitos restauradores e não vingativos (Rm 12.19). Paulo instruiu a igreja de Corinto a entregar um homem adúltero "a Satanás para a destruição da carne, a fim de que o espírito seja salvo" (1Co 5.5). Ele disse essas mesmas palavras a Timóteo, ao referir-se aos falsos ensinadores (1Tm 1.20).

Não devemos ficar surpresos com o fato de que Deus nos chama a exercer certo tipo de julgamento ou disciplina. Se as igrejas esperam ter algo a dizer a respeito de como os cristãos *vivem*, elas terão de dizer algo a respeito de como os cristãos *não vivem*. Preocupo-me com o fato de que muitas igrejas lidam com a disciplina como se estivessem derramando água em baldes furados — toda a atenção é dada ao que é derramado, sem qualquer preocupação com a maneira como é recebido e retido. Um dos sinais dessa tendência é o declínio na prática de disciplina eclesiástica nas últimas gerações.

Um escritor do movimento de crescimento de igrejas resumiu essa estratégia em igrejas que crescem usando estas palavras: "Abra a porta da frente e feche a porta de trás". Ele quis dizer que as igrejas devem tornar-se mais acessíveis aos de fora, enquanto também fazem um trabalho melhor de acompanhamento. Esses são bons alvos. Mas suspeito que muitos pastores e igrejas de nossos dias já aspiram fazer isso, e fazê-lo em excesso. Então, permita-me apresentar o que creio seja uma estratégia mais bíblica: *guarde cuidadosamente a porta da frente e abra a porta de trás*. Em outras palavras, torne mais difícil o unir-se à igreja e mais fácil o ser excluído. Lembre: o caminho da vida é estreito e não largo. Fazendo isso, eu creio, ajudaremos as igrejas a recuperarem a distinção do mundo, conforme planejado por Deus.

Um dos primeiros passos no exercício da disciplina é exercer maior cuidado em receber novos membros. A igreja deve pedir que todos os interessados em ser membros digam o que é o evangelho e dêem alguma evidência de que entendem a natureza da vida que honra a Cristo. Os candidatos à membresia se beneficiarão de saber o que a igreja espera deles e conhecer a importância do seu compromisso. Se as igrejas fossem mais cuidadosas no reconhecimento e na recepção de novos membros, teriam, posteriormente, menos ocasiões de praticar a disciplina corretiva.

A disciplina eclesiástica pode ser realizada de modo impróprio. O Novo Testamento nos ensina a não julgar os outros por motivos que lhes imputamos (Mt 7.1) ou a julgar uns aos outros em questões secundárias (Rm 14-15). Ao realizarmos a disciplina, nossas atitudes não devem ser vingativas, e sim amorosas, sendo "compassivos em temor" (Jd 23). Não podemos negar que a disciplina eclesiástica está repleta de problemas de sabedoria e aplicação pastoral. Contudo, devemos lembrar que toda a vida cristã é difícil e está exposta ao abuso. E nossas dificuldades não devem ser usadas como desculpa para deixarmos de praticar qualquer mandamento.

Cada igreja local tem responsabilidade de julgar a vida e o ensino de seus líderes e membros, especialmente quando ambas as coisas comprometem o testemunho do evangelho (ver At 17; 1Co 5; 1Tm 3; Tg 3.1; 2Pe 3; 2Jo).

A disciplina eclesiástica bíblica é obediência a Deus e uma confissão de que precisamos de ajuda. Você pode imaginar um mundo em que Deus nunca usasse seres humanos como nós para exercer seu julgamento, um mundo em que os pais nunca disciplinassem os filhos, o Estado nunca punisses os transgressores e as igrejas nunca repreendessem seus membros? Todos chegaríamos ao Dia do Juízo sem haver experimentado o chicote do juízo terreno e, assim, ter sido avisados de antemão quanto ao julgamento maior que viria sobre nós. Quanta misericórdia da parte de Deus, pois Ele nos ensina agora, por meio dessas disciplinas temporárias, sobre a justiça irrevogável que virá (cf. Lc 12.4-5).

Eis cinco razões positivas para praticarmos a disciplina eclesiástica corretiva. Ela mostra amor:

1. pelo bem do indivíduo disciplinado;
2. pelos outros cristãos, quando eles vêem o perigo do pecado;
3. pela saúde da igreja como um todo;
4. pelo testemunho coletivo da igreja e, conseqüentemente, pelos não-cristãos da comunidade;
5. pela glória de Deus. Nossa santidade deve refletir a santidade de Deus.

Ser membro de igreja é importante, não por causa de nosso orgulho pessoal, e sim por causa do nome de Deus. A disciplina eclesiástica bíblica é outra marca importante de uma igreja saudável.

Capítulo 12

Crescimento e discipulado bíblico

Outra marca importante de uma igreja saudável é um interesse amplo pelo crescimento da igreja, conforme descrito na Bíblia. Isso significa membros que crescem, e não apenas números que crescem.

Alguns pensam que uma pessoa pode ser um "cristão bebê" durante toda a sua vida. O crescimento é tratado como algo extra e opcional para discípulos zelosos. Mas crescimento é sinal de vida. Se uma árvore está viva, ela cresce. Se um animal está vivo, ele cresce. Estar vivo implica crescimento, que, por sua vez, significa desenvolvimento e avanço, pelo menos até que a morte intervenha.

Paulo esperava que os crentes de Corinto crescessem na fé (2Co 10.15) e que os de Éfeso crescessem "em tudo naquele que é a cabeça" (Ef 4.15; cf. Cl 1.10; 2Ts 1.3). Pedro exortou os seus leitores: "Desejai ardentemente, como crianças recém-nascidas, o genuíno leite espiritual, para que, por ele, vos seja dado crescimento para salvação" (1Pe 2.2).

Para os pastores e até para alguns membros é tentador reduzir suas igrejas a estatísticas controláveis de freqüência, batismos, contribuição e membros. Esse tipo de crescimento é palpável. Mas as estatísticas ficam muito aquém do verdadeiro crescimento que os autores do Novo Testamento descrevem e que Deus deseja.

Como sabemos que um cristão está crescendo na graça? Em última análise, não sabemos isso com base no fato de que ele se mostra animado, usa linguagem evangélica e possui um conhecimento crescente das Escrituras. Exibir amor ardente pela igreja ou mostrar confiança em sua própria fé também não é determinante. Nem mesmo podemos ter certeza de que um cristão está crescendo somente porque ele parece ter um zelo visível por Deus. Todas essas coisas podem ser evidências do verdadeiro crescimento cristão. Ao mesmo tempo, um dos sinais de crescimento mais importante (e comumente mais negligenciado) que devemos observar é uma santidade crescente, arraigada na auto-renúncia (ver Tg 2.20-24; 2Pe 1.5-11). A igreja deve ser caracterizada por um interesse vital por esse tipo de santidade na vida de seus membros.

Negligenciar a santidade, tal como negligenciar a disciplina eclesiástica, resulta em discípulos que crescem com dificuldade. Em igrejas que não confrontam o comportamento impuro de seus membros, os discípulos se tornam confusos e inseguros quanto à vida que honra a Cristo. É como um jardim em que as ervas daninhas nunca são arrancadas e coisas boas nunca são plantadas.

A igreja tem obrigação de ser o instrumento de Deus para que as pessoas cresçam na graça. Influências maduras que visam à santidade, numa comunidade de crentes unidos em um pacto, podem ser ferramentas nas mãos de Deus para o crescimento de seu povo. À medida que o povo de Deus é edificado e cresce unido em santidade e amor altruísta, os crentes devem aprimorar sua capacidade de ministrar disciplina e estimular o discipulado.

Quando você perscruta a vida de uma igreja, percebe que o crescimento de seus membros pode evidenciar-se de muitas maneiras diferentes. Eis algumas possibilidades:

- Um número crescente de membros sendo chamados a missões — "Tenho apreciado compartilhar o evangelho com meu vizinho da América do Sul. Talvez Deus esteja me chamando para..."
- Os membros mais idosos ganham um novo senso de sua responsabilidade de evangelização e discipulado dos

membros mais novos — "Por que você não vem jantar conosco?"
- Motivados por amor, os membros mais novos assistem aos cultos fúnebres de crentes mais velhos — "Embora seja um jovem, com meus vinte anos, foi bom ter desfrutado da comunhão do senhor e senhora..."
- Os membros oram mais na igreja e há mais súplicas focalizadas em evangelização e oportunidades de ministrar — "Estou começando um estudo bíblico evangelístico em meu trabalho e me sinto um pouco nervoso. A igreja poderia orar por..."
- Um maior número de membros compartilha o evangelho com os incrédulos.
- Entre os membros, há menos confiança nos programas da igreja, e surgem entre eles mais atividades espontâneas de ministério — "Pastor, o que você acha se Joana e eu organizarmos um chá natalino para as senhoras da igreja como oportunidade de evangelizar?"
- Reuniões informais entre os membros da igreja caracterizadas por conversas espirituais, incluindo uma disposição evidente de confessar pecados, enquanto ao mesmo tempo recorrem à cruz — "Irmãos, eu estou lutando com..."

- Contribuição crescente e sacrificial — "Querido, como podemos cortar um pouco de nosso orçamento mensal para sustentar..."
- Os membros assumem carreiras sacrificiais para que possam servir à igreja — "Você ouviu que Chris rejeitou três vezes uma promoção, para que continuasse se dedicando ao ofício de presbítero?"
- Maridos lideram suas esposas de modo sacrificial — "Querida, que diferentes coisas posso fazer para que você se sinta mais amada e mais compreendida?"
- Esposas se submetem aos seus maridos — "Querido, o que posso fazer hoje para tornar sua vida mais fácil?"
- Pais que treinam seus filhos na fé — "Hoje à noite vamos orar em favor dos obreiros cristãos no país de..."
- Uma disposição coletiva de disciplinar o pecado público e persistente.
- Um amor coletivo para com o pecador que não se arrependeu, demonstrado em procurá-lo antes que a disciplina seja exercida — "Por favor! Se você aceitou esta mensagem, gostaria muito de ouvir de você".

Esses são apenas alguns exemplos do tipo de crescimento de igreja pelos quais os cristãos devem orar e labutar. Igrejas saudáveis crescerão em tamanho? Freqüentemente, elas crescem, porque dão um testemunho atraente do evangelho. No entanto, não devemos presumir que crescerão. Às vezes, Deus tem outros propósitos, tal como chamar seu povo à paciência. Nosso foco tem de permanecer na fidelidade e no verdadeiro crescimento espiritual.

E qual é a causa desse crescimento espiritual? A pregação expositiva da Bíblia, teologia bíblica correta, centralidade no evangelho e um entendimento bíblico da conversão, da evangelização, membresia, disciplina e liderança.

Mas, se as igrejas são lugares onde somente os pensamentos do pastor são ensinados; onde Deus é mais questionado do que adorado, onde o evangelho é diluído e a evangelização pervertida; onde a membresia de igreja é tornada sem sentido e um culto mundano personalista cresce ao redor do pastor, dificilmente acharemos uma comunidade unida ou edificante. Esse tipo de igreja não glorificará a Deus.

Quando achamos uma igreja composta de membros que crescem na semelhança de Cristo, quem recebe a glória? Deus a recebe, porque, como disse Paulo: "O crescimento veio de Deus. De modo que nem o que planta é alguma coisa, nem o que rega, mas Deus, que dá o crescimento" (1Co 3.6b-7; cf. Cl 2.19).

Pedro concluiu de modo semelhante a sua segunda carta dirigida a um grupo de cristãos do século I: "Crescei na graça e no conhecimento de nosso Senhor e Salvador Jesus Cristo. A ele seja a glória, tanto agora como no dia eterno" (2Pe 3.18). Talvez imaginemos que nosso crescimento trará glória para nós mesmos. Mas Pedro sabia melhor: "Mantendo exemplar o vosso procedimento no meio dos gentios, para que, naquilo que falam contra vós outros como de malfeitores, observando-vos em vossas boas obras, glorifiquem a Deus no dia da visitação" (1Pe 2.12). É óbvio que ele recordou as palavras de nosso Senhor: "Assim brilhe também a vossa luz diante dos homens, para que vejam as vossas boas obras e *glorifiquem a vós?*" Não! "*...glorifiquem a vosso Pai que está nos céus*" (Mt 5.16). Trabalhar para promover o discipulado cristão é outra marca de uma igreja saudável.

Capítulo 13

Liderança bíblica na igreja

Que tipo de liderança existe em uma igreja saudável? Ela se empenha para garantir que o evangelho esteja sendo pregado fielmente? Sim (Gl 1). Os diáconos são exemplos de serviço no ministério da igreja? Sim (At 6). O pastor é fiel em pregar a Palavra de Deus? Sim (2Tm 4). Todavia, a Bíblia nos apresenta mais um dom de liderança outorgado à igreja, para ajudá-la a se tornar saudável: o presbítero.

Certamente, há muitas coisas úteis que, com base na Bíblia, poderíamos dizer sobre a liderança da igreja. No entanto, quero focalizar-me primariamente no assunto de presbíteros, pois tenho receio de que muitas igrejas não sabem o que estão perdendo. Como pastor, oro para que Cristo coloque em nossa comunhão homens cujos dons espirituais e interesse pastoral indiquem que Deus os chamou para serem presbíteros. Que Ele prepare esses homens!

Se Deus dotou a igreja com determinado homem de caráter exemplar, sabedoria pastoral e dons de ensino; e se, depois de orar, a igreja reconhece tais coisas, esse homem deve ser separado para o ministério de presbítero.

Em Atos 6, a jovem igreja de Jerusalém teve um problema a respeito de como as refeições eram distribuídas às viúvas. Por isso, os apóstolos convocaram a igreja para que escolhesse vários homens que poderiam supervisionar melhor a distribuição. Os apóstolos resolveram delegar essa tarefa específica, para que pudessem consagrar-se "à oração e ao ministério da palavra" (At 6.4).

Em termos breves, isso parece ter sido uma divisão de trabalho entre presbíteros e diáconos que se desenvolve no restante do Novo Testamento. Os presbíteros são especialmente consagrados à oração e ao ministério da Palavra para a igreja, enquanto os diáconos cooperam para manter as atividades materiais da igreja.

As igrejas percebem como esse dom lhes é importante? Em essência, Deus está dizendo: "Tomarei alguns homens dentre vocês e os separarei para orar por vocês e ensinarem a respeito de mim".

Todas as igrejas têm indivíduos designados para realizar as funções de presbíteros, ainda que esses indivíduos sejam chamados por outros nomes, tais como diácono ou administrador. Os três títulos do Novo Testamento para este ofício, títulos que são intercambiáveis, são *episcopos* (supervisor ou bispo), *presbuteros* (presbítero) e *poimain* (pastor). Por exemplo, em Atos 20.17 e 20.28, esses três títulos são usados para se referir ao mesmo homem.

Quando os evangélicos ouvem a palavra "presbítero", muitos deles pensam logo no termo "presbiteriano". Contudo, as primeiras igrejas congregacionalistas ensinavam, no século XVI, que o presbítero era um ofício peculiar às igrejas do Novo Testamento. Presbíteros também podiam ser achados em igrejas batistas na América do Norte durante todo o século XIX. De fato, o primeiro presidente da Convenção Batista do Sul dos Estados Unidos, W. B. Johnson, escreveu em 1846 um tratado convocando as igrejas a usarem a pluralidade de presbíteros, visto que essa prática era bíblica.

No que diz respeito a presbíteros, batistas e presbiterianos discordam em duas áreas (e creio que os assuntos em jogo são relevantes para aqueles que não são batistas nem presbiterianos). Em primeiro lugar e antes de tudo, nós, os batistas, somos congregacionalistas. Cremos que a Bíblia ensina que a decisão final dos assuntos pertence à congregação, como um todo, e não aos presbíteros da igreja ou a qualquer pessoa que não pertença ao corpo da igreja. Quando Jesus ensinava os seus discípulos sobre confrontar um irmão que havia pecado, ele disse que a congregação era a corte final de apelação, e não os presbíteros, nem um bispo ou papa, nem conselho ou convenção (Mt 18.17). Quando os apóstolos procuraram sete homens para servirem como diáconos, conforme já falamos, entregaram a decisão à assembléia de discípulos.

Também nas cartas de Paulo, a congregação parece assumir a responsabilidade final. Em 1 Coríntios 5, Paulo não culpou o pastor, nem os presbíteros, nem os diáconos por tolerarem o pecado de um homem, e sim a congregação. Em 2 Coríntios 2, Paulo se referiu ao que a maioria deles havia feito para disciplinar um membro que pecara. Em Gálatas 1, Paulo exortou as congregações a julgarem o falso ensino que estavam ouvindo. Em 2 Timóteo 4, ele reprovou não somente os falsos mestres, mas também aqueles que os pagavam para ensinar aquilo que seus ouvidos desejavam ouvir. Os presbíteros lideram, mas fazem isso, necessária e biblicamente, dentro dos limites reconhecidos pela congregação. Nesse sentido, os presbíteros e todos os outros administradores ou comissões em uma igreja batista agem de conformidade com aquilo que, em última análise, é a atividade de conselheiros para toda a congregação.

Em segundo lugar, batistas e presbiterianos têm discordado quanto ao papel e responsabilidades dos presbíteros; e isso se deve às diferentes compreensões destas palavras de Paulo dirigidas a Timóteo: "Devem ser considerados merecedores de dobrados honorários os presbíteros que presidem bem, com especialidade os que se afadigam na palavra e no ensino" (1Tm 5.17). Os presbiterianos entendem que esse versículo estabelece duas classes de presbíteros: os regentes e os docentes. Os batistas não reconhecem essa divisão formal e entendem que o versículo sugere que certos indivíduos, entre o grupo de presbíteros, se dedicarão mais completamente ao ensino e à pregação. Afinal de contas, nesta mesma carta Paulo já havia dito a Timóteo que uma qualificação básica de todo presbítero era que ele fosse "apto para ensinar" (1Tm 3.2; ver também Tt 1.9). Por isso, os batistas têm negado freqüentemente a conveniência de indicar presbíteros que são incapazes de ensinar as Escrituras.

No século XVIII, batistas e presbiterianos concordavam que devia haver uma pluralidade (ou um número múltipo) de presbíteros em cada igreja local. O Novo Testamento nunca sugere um número específico de presbíteros para cada igreja em particular, mas se refere, clara e invariavelmente, aos "presbíteros" de uma igreja local usando a forma plural (por exemplo, At 14.23; 16.4; 20.17; 21.18; Tt 1.5; Tg 5.14).

Hoje, não são apenas as igrejas batistas que estão descobrindo isso cada vez mais; também igrejas de outras denominações e igrejas independentes estão reconhecendo, em número crescente, essa idéia bíblica fundamental.

Uma pluralidade de presbíteros não significa que o pastor não tem um papel distintivo. No Novo Testamento, há muitos versículos que se referem à pregação e pregadores e não se aplicam a todos os presbíteros de uma congregação. Em Corinto, por exemplo, Paulo se dedicou exclusivamente à pregação, de um modo que os presbíteros leigos da igreja não podiam se dedicar (At 18.5; 1Co 9.14; 1Tm 4.13; 5.17). Além disso, parece que os pregadores se deslocavam para determinada área visando ao propósito de pregar (Rm 10.14-15), enquanto os presbíteros permaneciam estabelecidos entre a comunidade (Tt 1.5).

Visto que o pregador fiel é a voz regular que proclama a Palavra de Deus, ele talvez descubra que a igreja e os outros presbíteros o tratam como o principal entre os iguais e como alguém "especialmente" digno de honra dobrada (1Tm 5.17). Além disso, o pregador ou pastor é, fundamentalmente, apenas mais um dos presbíteros, igual a todos os outros homens chamados pela congregação para agir nesta função.

Minha própria experiência como pastor tem confirmado a utilidade de seguir a prática do Novo Testamento de compartilhar, sempre que possível, a responsabilidade de pastorear uma igreja local com outros homens enraizados na congregação.

As decisões que dizem respeito à igreja e não exigem a atenção de todos os membros não devem ser tomadas apenas pelo pastor, mas pelos presbíteros como um todo. Às vezes, isso é incômodo, mas produz grandes benefícios. Completa os dons do pastor, compensando alguns de seus defeitos e suplementando seu discernimento. Produz na congregação apoio para as decisões, fomentando a unidade e deixando os líderes menos expostos às críticas injustas. Torna a liderança mais fundamentada e mais permanente, permitindo que haja uma continuidade mais madura. Estimula a igreja a ser mais responsável por sua espiritualidade, ajudando-a se tornar menos dependente de seus ministros sustentados.

Hoje, a prática da pluralidade de presbíteros é incomum entre as igrejas batistas. Contudo, entre os batistas e muitos outros há uma tendência crescente em direção a essa prática — por boas razões. Ela era necessária nas igrejas do Novo Testamento, assim como é necessária em nossos dias.

Muitas igrejas modernas tendem a confundir presbíteros ou com os administradores da igreja ou com os diáconos. Os diáconos também cumprem um ofício designado no Novo Testamento, um ofício alicerçado em Atos 6, conforme vimos. Embora seja difícil delinear qualquer distinção absoluta entre os dois ofícios, os diáconos estão, geralmente, ocupados com os detalhes práticos da vida da igreja: administração, manutenção e o cuidado das necessidades físicas dos membros da igreja. Hoje, em muitas igrejas, os diáconos ou têm assumido o papel de supervisão espiritual ou deixado isso totalmente às mãos de um único homem, o pastor. Seria benéfico às igrejas que elas distinguissem novamente os papéis de presbítero e de diácono. As igrejas não necessitam desses dois tipos de servos?

O presbiterato é o ofício que tenho como pastor — sou o principal presbítero pregador. Todavia, trabalho junto com um grupo de presbíteros para a edificação da igreja. Alguns fazem parte do corpo administrativo, mas a maioria deles não. Temos reuniões regulares em que oramos, conversamos e formulamos recomendações aos diáconos ou a toda a igreja. É difícil expressar o quanto esses homens têm amado tanto a mim como a toda a igreja, por compartilharem o fardo — e o privilégio — de pastorear.

O presbiterato é uma idéia bíblica que tem valores práticos. Implementado em nossas igrejas, esse conceito pode ajudar imensamente os pastores, ao remover o fardo de seus ombros e até mesmo eliminar suas próprias tiranias mesquinhas sobre a igreja. Além disso, as qualidades de caráter alistadas por Paulo quanto à liderança, exceto a habilidade de ensinar, são qualidades que todo cristão deve desenvolver (1Tm 3; Tt 1). Afirmar publicamente certos indivíduos como exemplo, ajuda a apresentar um modelo para os outros cristãos, especialmente os homens cristãos. De fato, a prática de reconhecer como presbíteros homens piedosos, prudentes e dignos de confiança é outra marca de uma igreja saudável.

Capítulo 14

Conclusão: o ponto mais importante

"Já quis deixar esta igreja diversas vezes... toda a conversa sobre combater o pecado e servir aos outros; pessoas tendo-me como alguém que deve prestar contas — pessoas que são, elas mesmas, pecadoras." Essas foram as palavras ditas recentemente por um presbítero de nossa igreja.

Ele continuou: "Mas compreendo que essa é a grande lição a ser aprendida, porque também sou pecador e quero vencer o pecado. Preciso de responsabilidade, transformação, cuidado, amor, atenção. Minha carne odeia isso! Mas, sem isso, talvez já tivesse me divorciado da esposa; talvez já estivesse com a segunda ou a terceira mulher e não viveria mais com meus filhos. Deus mostra sua graça e cuidado por mim através desta igreja".

O que é uma igreja saudável?

Igrejas saudáveis, igrejas que refletem crescentemente o caráter de Deus, conforme ele é revelado em sua Palavra, não são sempre os lugares mais tranqüilos em que podemos estar. Os sermões talvez sejam demorados. As expectativas, elevadas. A conversa sobre o pecado pode parecer exagerada para muitos. A comunhão talvez pareça, pelo menos às vezes, intrusiva. No entanto, o segredo é aquela palavra: *crescentemente*. Se nós refletimos o caráter de Deus *crescentemente*, isso significa que há aspectos de nossa vida, individual ou coletiva, que não refletem o caráter de Deus — há manchas no espelho que precisam ser polidas, curvas no vidro que precisam ser aplanadas. Isso exige trabalho.

Em sua bondade, Deus nos chamou a vivermos a vida cristã juntos, visto que nosso amor e cuidado mútuo refletem o amor e o cuidado de Deus. No mundo, relacionamentos implicam compromisso; e, com certeza, não implicam menos na igreja. Nunca pretendemos que nosso crescimento ocorra isoladamente, como em uma ilha, mas com e por meio de outras pessoas.

Uma igreja saudável conhece a alegria? Oh! sim! Ela conhece a alegria da mudança autêntica, a alegria da comunhão significativa e da verdadeira unidade, não da unidade por amor à própria unidade, mas da unidade centrada na salvação e na adoração comum. Ela conhece a alegria do amor semelhante ao de Cristo, dado e recebido. E, o que é mais admirável, ela conhece a alegria de "refletir a glória de Deus" e de ser transformada à imagem dEle, em glória sempre crescente (2Co 3.18).

No terceiro mandamento (Êx 20.7; Dt 5.11), Deus advertiu seu povo a não tomar seu nome em vão. Ele não queria apenas proibir a linguagem profana. Ele também desejava advertir-nos contra o tomarmos em vão o seu nome sobre nós mesmos, de modo que nossa vida fale enganosamente a respeito dele. Esse mandamento também diz respeito a nós, a igreja.

Hoje, muitas igrejas estão doentes. Confundimos o crescimento egoísta com crescimento espiritual. Confundimos mera emoção com adoração verdadeira. Valorizamos a aceitação do mundo e não a aprovação de Deus, uma aprovação que é geralmente outorgada a uma vida que sofre oposição da parte do mundo. Apesar de seus perfis estatísticos, muitas igrejas de nossos dias parecem desinteressadas pelas marcas bíblicas que devem distinguir uma igreja que tem vida e cresce.

A saúde da igreja deve preocupar todos os cristãos, especialmente aqueles que são chamados a serem líderes na igreja. Nossas igrejas devem manifestar a Deus e o seu glorioso evangelho às demais criaturas. Devemos trazer-lhe glória por meio de vivermos juntos. Essa importante manifestação é nossa suprema responsabilidade e privilégio tremendo.

Retornemos ao ponto em que começamos. O que você está procurando em uma igreja? Está procurando um lugar que reflete os seus valores e os valores de sua comunidade? Ou está procurando um lugar que reflete o caráter puro e glorioso de Deus? Qual dessas duas opções expressa melhor a luz sobre um monte para um mundo perdido nas trevas?

Uma discussão mais ampla de cada uma dessas novas marcas pode ser achada no livro *Nove Marcas de uma Igreja Saudável* (Fiel, 2007). Para obter uma abordagem mais prática a respeito de como edificar uma igreja saudável, leia *Deliberadamente Igreja* (Fiel, 2008), escrito por mim e Paul Alexander. E, se deseja obter uma discussão mais ampla sobre a estrutura de uma igreja, especialmente a membresia, presbíteros, diáconos e congregacionalismo, leia *Refletindo a Glória de Deus* (Fiel, 2008). Finalmente, você pode beneficiar-se de artigos, sermões, livros e tutoriais sobre a vida corporativa da igreja, acessando www.pt.9marks.org

UM CONSELHO PARA O MEMBRO DE IGREJA

Se você foi encorajado por qualquer parte deste livro, tenha cuidado na maneira de propô-lo ao seu pastor. Ore, sirva, anime, dê um bom exemplo com sua própria vida e seja paciente. Uma igreja saudável não é um *ambiente* que tem certa aparência, e sim um *povo* que ama da maneira correta. E o amor é mais bem demonstrado quando o expressamos em circunstâncias das quais não gostamos. Medite em como fomos amados em Cristo!

Conclusão: o ponto mais importante

UM CONSELHO PARA O PASTOR

Se você foi encorajado por qualquer parte deste livro, seja cuidadoso na maneira como o apresenta à sua igreja. Seja paciente, ame as pessoas e pregue a Palavra.

Apêndice

Um pacto típico de uma igreja saudável

Tendo, como cremos, sido trazidos pela graça divina ao arrependimento e fé no Senhor Jesus Cristo para render nossa vida a Ele, e tendo sido batizados sobre nossa profissão de fé, em nome do Pai, do Filho e do Espírito Santo, confiando na ajuda de sua graça, solene e alegremente renovamos agora nosso pacto uns com os outros.

Trabalharemos e oraremos pela unidade do Espírito no vínculo da paz.

Caminharemos juntos em amor fraternal, desde o momento em que nos tornamos membros de uma igreja cristã; exercitaremos o cuidado em amor, velaremos uns pelos outros e, fielmente, nos admoestaremos com súplicas uns aos outros conforme exija a ocasião.

Não abandonaremos as reuniões de nossa congregação, nem negligenciaremos a oração por nós e pelos demais.

Esforçar-nos-emos no educar tantos quantos possam estar sob o nosso cuidado, na disciplina e na admoestação do Senhor, e com um exemplo puro e amoroso buscaremos a salvação da nossa família e amigos.

Alegrar-nos-emos com a felicidade dos outros, e nos esforçaremos em levar as cargas e tristezas uns dos outros, com ternura e compaixão.

Buscaremos, com a ajuda divina, viver cuidadosamente no mundo, renunciando a impiedade e as paixões mundanas, e lembrando que, assim como fomos voluntariamente sepultados mediante o batismo e levantados de novo da sepultura simbólica, existe agora em nós uma obrigação especial que nos leva a uma vida nova e santa.

Trabalharemos juntos para a continuidade de um ministério fiel de evangelização nesta igreja, bem como sustentaremos sua adoração, ordenanças, disciplina e doutrinas. Contribuiremos alegre e regularmente para o sustento do ministério, para as despesas da igreja, para o socorro aos pobres e a difusão do evangelho por todas as nações.

Quando mudarmos deste local, tão logo quanto possível, nos uniremos a outra igreja onde possamos cumprir o espírito deste pacto e os princípios da Palavra de Deus.

Que a graça do Senhor Jesus Cristo, o amor de Deus e a comunhão do Espírito Santo sejam com todos nós. Amém.

Agradecimentos especiais

Muitas pessoas me ajudaram a entender e experimentar o que é uma igreja saudável, mas duas pessoas tiverem participação especial neste livro.

Matt Schmucker sugeriu que eu transformasse uma série de artigos do boletim da igreja em um livreto, substituído por este livro. Schmucker tem sido um encorajamento permanente para que os pensamentos deste livro se tornem mais amplamente disponíveis. Sem ele, não tenho certeza se esta obra teria chegado à existência.

Jonathan Leeman teve uma participação tão grande na elaboração deste livro que penso teria sido melhor incluir seu nome como autor: Mark Dever e Jonathan Leeman. Por fim, a quantidade de material que portava a minha autoria, a sua identificação com o livro anterior (*Nove Marcas de Uma Igreja Saudável*) e a maneira como foi escrito (com referências pessoais e ilustrações de minha própria vida) fez com que eu decidisse em favor da atribuição de meu nome somente. Apesar disso, cumpre dizer que Jonathan escreveu a parábola do Sr. Nariz e dos Mãos, a longa lista de expressões do Novo Testamento referentes ao uso da Palavra de Deus e outras partes da primeira metade do livro. Ele fez um trabalho extraordinário, reorganizando e transformando o antigo livreto neste novo formato, mais amplo — e, conforme espero, mais proveitoso. Ele é um irmão talentoso de quem novamente obtive muita ajuda. E você está obtendo dele mais do que imagina.

Seremos mais semelhantes ao Senhor à medida que O ouvirmos.

IX 9Marcas

Sua igreja é saudável? O Ministério *9Marcas* existe para equipar líderes de igreja com uma visão bíblica e com recursos práticos a fim de refletirem a glória de Deus às nações através de igrejas saudáveis.

Para alcançar tal objetivo, focamos em nove marcas que demonstram a saúde de uma igreja, mas que são normalmente ignoradas. Buscamos promover um entendimento bíblico sobre: (1) Pregação Expositiva, (2) Teologia Bíblica, (3) Evangelho, (4) Conversão, (5) Evangelismo, (6) Membresia de Igreja, (7) Disciplina Eclesiástica, (8) Discipulado e (9) Liderança de Igreja.

Visite nossa página

www.pt.9marks.org

FIEL MINISTÉRIO

O Ministério Fiel visa apoiar a igreja de Deus, fornecendo conteúdo fiel às Escrituras através de conferências, cursos teológicos, literatura, ministério Adote um Pastor e conteúdo online gratuito.

Disponibilizamos em nosso site centenas de recursos, como vídeos de pregações e conferências, artigos, e-books, audiolivros, blog e muito mais. Lá também é possível assinar nosso informativo e se tornar parte da comunidade Fiel, recebendo acesso a esses e outros materiais, além de promoções exclusivas.

Visite nosso site
www.ministeriofiel.com.br

Esta obra foi composta em Goudy Old Style BT Roman 11,5, e impressa
na Promove Artes Gráficas sobre o papel Pólen Soft 70g/m2,
para Editora Fiel, em Setembro de 2024.